中國文化二十四品

中国文化二十四品

文库

饶宗颐 叶嘉莹 顾问
陈洪 徐兴无 主编

莲花净土

佛教的彼岸

陈引驰 苏畅 著

江苏人民出版社

图书在版编目（ＣＩＰ）数据

莲花净土：佛教的彼岸 / 陈引驰，苏畅著. -- 南京 : 江苏人民出版社，2017.1
（中国文化二十四品）
ISBN 978-7-214-19474-9

Ⅰ. ①莲… Ⅱ. ①陈… ②苏… Ⅲ. ①佛教史－研究－中国 Ⅳ. ①B949.2

中国版本图书馆CIP数据核字(2016)第195519号

书　　　　名	莲花净土——佛教的彼岸
著　　　　者	陈引驰　苏　畅
责 任 编 辑	卞清波
责 任 校 对	史雪莲
装 帧 设 计	刘荨荨　张大鲁
出 版 发 行	凤凰出版传媒股份有限公司
	江苏人民出版社
出版社地址	南京市湖南路 1 号 A 楼,邮编:210009
出版社网址	http://www.jspph.com
经　　　销	凤凰出版传媒股份有限公司
照　　　排	南京凯建图文制作有限公司
印　　　刷	江苏凤凰通达印刷有限公司
开　　　本	652 毫米×960 毫米　1/16
印　　　张	12.5　　插页 3
字　　　数	140 千字
版　　　次	2017 年 1 月第 1 版　2017 年 3 月第 2 次印刷
标 准 书 号	ISBN 978－7－214－19474－9
定　　　价	30.00 元

（江苏人民出版社图书凡印装错误可向承印厂调换）

编委会名单

顾 问

饶宗颐

叶嘉莹

主 编

陈　洪（南开大学教授）

徐兴无（南京大学教授）

编 委

王子今（中国人民大学教授）　　司冰琳（首都师范大学副教授）

白长虹（南开大学教授）　　　　孙中堂（天津中医药大学教授）

闫广芬（天津大学教授）　　　　张伯伟（南京大学教授）

张峰屹（南开大学教授）　　　　李建珊（南开大学教授）

李翔海（北京大学教授）　　　　杨英杰（辽宁师范大学教授）

陈引驰（复旦大学教授）　　　　陈　致（香港浸会大学教授）

陈　洪（南开大学教授）　　　　周德丰（南开大学教授）

杭　间（中国美术学院教授）　　侯　杰（南开大学教授）

俞士玲（南京大学教授）　　　　赵　益（南京大学教授）

徐兴无（南京大学教授）　　　　莫砺锋（南京大学教授）

陶慕宁（南开大学教授）　　　　高永久（兰州大学教授）

黄德宽（安徽大学教授）　　　　程章灿（南京大学教授）

解玉峰（南京大学教授）

总　序

陈　洪　徐兴无

　　我们生活在文化之中，"文化"两个字是挂在嘴边上的词语，可是真要让我们说清楚文化是什么，可能就会含糊其词、吞吞吐吐了。这不怪我们，据说学术界也有 160 多种关于文化的定义。定义多，不意味着人们的思想混乱，而是文化的内涵太丰富，一言难尽。1871 年，英国文化人类学家爱德华·泰勒的《原始文化》中给出了一个定义："文化，或文明，就其广泛的民族学意义上来说，是包含全部的知识、信仰、艺术、道德、法律、风俗，以及作为社会成员的人所掌握和接受的任何其他的才能和习惯的复合体。"[①]其实，所谓"文化"，是相对于所谓"自然"而言的，在中国古代的观念里，自然属于"天"，文化属于"人"，只要是人类的活动及其成果，都可以归结为文化。孔子说："饮食男女，人之大欲存焉。"[②]在这种自然欲望的驱动下，人类的活动与创造不外乎两类：生产与生殖；目标只有两个：生存与发展。但是人的生殖与生产不再是自然意义上的物种延续与食物摄取，人类生产出物质财富与精神财富，不再靠天吃饭，人不仅传递、交换基因和大自然赋予的本能，还传承、交流文化知识、智慧、情感与信仰，于是人种的繁殖与延续也成了文化的延续。

　　所以，文化根源于人类的创造能力，文化使人类摆脱了

---

　　① ［英］爱德华·泰勒：《原始文化》，连树声译，谢继胜、尹虎彬、姜德顺校，广西师范大学出版社，2005 年，第 1 页。

　　② 《礼记·礼运》。

1

自然,创造出一个属于自己的世界,让自己如鱼得水一样地生活于其中,每一个生长在人群中的人都是有文化的人,并且凭借我们的文化与自然界进行交换,利用自然、改变自然。

由于文化存在于永不停息的人类活动之中,所以人类的文化是丰富多彩、不断变化的。不同的文化有不同的方向、不同的特质、不同的形式。因为有这些差异,有的文化衰落了甚至消失了,有的文化自我更新了,人们甚至认为:"文化"这个术语与其说是名词,不如说是动词。[①] 本世纪初联合国发布的《世界文化报告》中说,随着全球化的进程和信息技术的革命,"文化再也不是以前人们所认为的是个静止不变的、封闭的、固定的集装箱。文化实际上变成了通过媒体和国际因特网在全球进行交流的跨越分界的创造。我们现在必须把文化看作一个过程,而不是一个已经完成的产品"[②]。

知道文化是什么之后,还要了解一下文化观,也就是人们对文化的认识与态度。文化观首先要回答下面的问题:我们的文化是从哪里来的?不同的民族、宗教、文化共同体中的人们的看法异彩纷呈,但自古以来,人类有一个共同的信仰,那就是:文化不是我们这些平凡的人创造的。

有的认为是神赐予的,比如古希腊神话中,神的后裔普罗米修斯不仅造了人,而且教会人类认识天文地理、制造舟车、掌握文字,还给人类盗来了文明的火种。代表希伯来文化的《旧约》中,上帝用了一个星期创造世界,在第六天按照自己的样子创造了人类,并教会人们获得食物的方法,赋予人类管理世界的文化使命。

---

① 参见[荷兰]C. A. 冯·皮尔森:《文化战略》,刘利圭等译,中国社会科学出版社,1992年,第2页。

② 联合国教科文组织编:《世界文化报告——文化的多样性、冲突与多元共存》,关世杰等译,北京大学出版社,2002年,第9页。

有的认为是圣人创造的,这方面,中国古代文化堪称代表:火是燧人氏发现的,八卦是伏羲画的,舟车是黄帝造的,文字是仓颉造的……不过圣人创造文化不是凭空想出来的,而是受到天地万物和自我身体的启示,中国古老的《易经》里说古代圣人造物的方法是:"仰则观象于天,俯则观法于地,观鸟兽之文与地之宜,近取诸身,远取诸物。"《易经》最早给出了中国的"文化"和"文明"的定义:"刚柔交错,天文也。文明以止,人文也。观乎天文,以察时变;观乎人文,以化成天下。"文指文采、纹理,引申为文饰与秩序。因为有刚、柔两种力量的交会作用,宇宙摆脱了混沌无序,于是有了天文。天文焕发出的光明被人类效法取用,于是摆脱了野蛮,有了人文。圣人通过观察天文,预知自然的变化;通过观察人文,教化人类社会。《易经》还告诉我们:"一阴一阳之谓道,继之者善也,成之者性也。仁者见之谓之仁,知者见之谓之知。"宇宙自然中存在、运行着"道",其中包含着阴阳两种动力,它们就像男人和女人生育子女一样不断化生着万事万物,赋予事物种种本性,只有圣人、君子们才能受到"道"的启发,从中见仁见智,这种觉悟和意识相当于我们现代文化学理论中所谓的"文化自觉"。

为什么圣人能够这样呢?因为我们这些平凡的百姓不具备"文化自觉"的意识,身在道中却不知道。所以《易经》感慨道:"百姓日用而不知,故君子之道鲜矣。"什么是"君子之道鲜"?"鲜"就是少,指的是文化不昌明,因此必须等待圣人来启蒙教化百姓。中国文化中的文化使命是由圣贤来承担的,所以孟子说,上天生育人民,让其中的"先知觉后知""先觉觉后觉"①。

---

① 《孟子·万章》。

无论文化是神灵赐予的还是圣人创造的,都是崇高神圣的,因此每个文化共同体的人们都会认同、赞美自己的文化,以自己的文化价值观看待自然、社会和自我,调节个人心灵与环境的关系,养成和谐的行为方式。

中国现在正处在一个喜欢谈论文化的时代。平民百姓关注茶文化、酒文化、美食文化、养生文化,说明我们希望为平凡的日常生活寻找一些价值与意义。社会、国家关注政治文化、道德文化、风俗文化、传统文化、文化传承与创新,提倡发扬优秀的传统文化,说明我们希望为国家和民族寻求精神力量与发展方向。神和圣人统治、教化天下的时代已经成为历史,只有我们这些平凡的百姓都有了"文化自觉",认识到我们每个人都是文化的继承者和创造者,整个社会和国家才能拥有"文化自信"。

不过,我们越是在摆脱"百姓日用而不知"的"文化蒙昧"时代,就越是要反思我们的"文化自觉",因为"文化自觉"是很难达到的境界。喜欢谈论文化,懂点文化,或者有了"文化意识"就能有"文化自觉"吗?答案是否定的。比如我们常常表现出"文化自大"或者"文化自卑"两种文化意识,为什么会这样呢?因为我们不可能生活在单一不变的文化之中,从古到今,中国文化不断地与其他文化邂逅、对话、冲突、融合;我们生活在其中的中国文化不仅不再是古代的文化,而且不停地在变革着。此时我们或者会受到自身文化的局限,或者会受到其他文化的左右,产生错误的文化意识。子在川上曰:"逝者如斯夫。"流水如此,文化也如此。对于中国文化的主流和脉络,我们不仅要有"春江水暖鸭先知"一般的亲切体会和细微察觉,还要像孔子那样站在岸上观察,用人类历史长河的时间坐标和全球多元文化的空间坐标定位中国文化,才能获得超越的眼光和客观真实的知识,增强与其他文化交

流、借鉴、融合的能力,增强变革、创新自己的文化的能力,这也叫做"文化自主"的能力。中国当代社会人类学家费孝通先生说:

> "文化自觉"是当今时代的要求,它指的是生活在一定文化中的人对其文化有自知之明,并对其发展历程和未来有充分的认识。也许可以说,文化自觉就是在全球范围内提倡"和而不同"的文化观的一种具体体现。希望中国文化在对全球化潮流的回应中能够继往开来,大有作为。①

因为要具备"文化自觉"的意识、树立"文化自信"的心态、增强"文化自主"的能力,所以,我们这些平凡的百姓需要不断地了解自己的文化,进而了解他人的文化。

中国文化是我们自己的文化,它博大精深,但也不是不得其门而入。为此,我们这些学人们集合到一起,共同编写了这套有关中国文化的通识丛书,向读者介绍中国文化的发展历程、特征、物质成就、制度文明和精神文明等主要知识,在介绍的同时,帮助读者选读一些有关中国文化的经典资料。在这里我们特别感谢饶宗颐和叶嘉莹两位大师前辈的指导与支持,他们还担任了本丛书的顾问。

中国文化崇尚"天人合一",中国人写书也有"究天人之际,通古今之变"的理想,甚至将书中的内容按照宇宙的秩序罗列,比如中国古代的《周礼》设计国家制度,按照时空秩序分为"天地春夏秋冬"六大官僚系统;吕不韦编写《吕氏春

---

① 费孝通:《经济全球化和中国"三级两跳"中的文化思考》,《光明日报》2000年11月7日。

秋》，按照一年十二月为序，编为《十二纪》；唐代司空图写作《诗品》品评中国的诗歌风格，又称《二十四诗品》，因为一年有二十四个节气。我们这套丛书，虽不能穷尽中国文化的内容，但希望能体现中国文化的趣味，于是借用了"二十四品"的雅号，奉献一组中国文化的小品，相信读者一定能够以小知大，由浅入深，如古人所说："尝一脔肉，而知一镬之味，一鼎之调。"

2015 年 7 月

目　录

佛教的历程：从鹿野苑到全世界

佛教尽管起源于南亚，但如今已经成为世界性的宗教，除东亚和东南亚这些传统佛教兴盛的地区外，其影响力已经波及很多位于欧洲、美洲乃至澳洲的西方国家。本章旨在介绍佛教的起源与发展，并以鸟瞰的方式描述世界范围内佛教的发展，给读者进一步了解中国文化背景下的佛教提供一个宏观的背景。

佛陀释迦牟尼

一、序幕

人间佛陀下兜率、入母胎、出家、降魔、成道、说法与涅槃的种种传说,不仅仅对于笃信其真实性和神圣性的佛教徒们有着非凡的魅力,若从更深广的意义上讲,也是人类精神史和文化史上一件颇引人注目的大事。当我们越深入地观察人类历史,就越惊叹于佛教对我们文明的塑造之功。它源自出生在今属尼泊尔地方的一位圣者之心灵,而后遍及南亚次大陆,又成为十几个世纪以来东南亚占统治地位的思想形态。它如此深刻地影响了亚洲腹地广袤的区域,乃至在伊斯兰教全面兴盛之前,几乎将这片被中国的汉朝人和唐朝人称为"西域"的广阔疆土变成"佛国"。当它随着商人的驼队或货船进入中国，整个东亚的文明进程被不可逆转地改变了。翻开用汉字写成的一卷卷历史书籍，我们常常感叹于围绕它发生的一幕幕惊心动魄的活剧。最近的一两个世纪，它又开始与西方文明交互，在欧美赢得了不少追随者。当我们越来越对穿着僧袍、结跏趺座、进行冥想训练的"白人"司空见惯的时候，或许更能深刻感受到一种"活着的传统"的力量吧。

在我们试图去谈论中国文化传统中的佛教——或者更简明地说，"中国人的佛教"——之前，或许需要回到故事的源头，先了解佛陀的生平和佛教在印度的历程。

二、入胎

历史上的佛陀出生在南亚次大陆的古代印度，根据现有的考古和人类学资料，在这片土地上生活的最原始的居民和现代印度人并不完全相同。事情发生在距今大概 4000 年之前，原本生活在伊朗高原的一群健壮的游牧民族南下进入德干高原，希望成为这片广袤土地的新主人。最终，这群自称高贵者（"雅利安"）的人，在他们神明的保佑下，在战争中获得了成功。然而意味深长的是，他们的文化却被被征服者深刻地改变了，正是这种文化混血使后来的印度文明焕发出独特的魅力。

在这期间发生的故事神秘莫测，让人浮想联翩，而真相恐怕永远尘封在时间里了。如今，我们只能对这样的事情啧啧称奇：建立在"吠陀"经典思想上的这支雅利安人文化，似乎在一切方面都与中东波斯文化有意唱反调，甚至是经典的名称；另一方面又与欧洲希腊罗马文化呈现得同中有异。然而人类学家们似乎对他们三者人种上的同一性很确定。

无论如何，南亚次大陆出现了属于自己的独特文明，它有着自己的经典、神话体系、哲学思想、社会制度，以及学术传统。这一切构成了佛教的思想背景。也许这样说并不过分：历史上的佛陀正是以重审和回应这一文明传统的方式来表达自己觉悟到的真理。这一点，随着本书的深入，会显得越来越明晰且意味深长。

佛陀生平故事的最原初版本，散见于巴利文三藏和用混合梵语①写成的早期大乘经典中。而关于佛陀高贵一生最优美生动的记载则出自《佛所行赞》（Buddhacarita），伟大的诗人马鸣菩萨凭借其出神入化的语言技巧和无以伦比的才智，以最雍容典雅的梵语诗歌为我们描写了佛陀在人间的经历。唐代高僧义净在天竺游学时，曾揽卷阅之，不禁"心悦忘倦"。今天，我们正是以这些文字为基础，参考历代高僧所翻译的汉藏文献，来了解佛陀在世间的八十个春秋的。

"佛陀"并不是佛教专用的词汇，它其实音译自梵语 buddha，意译是"觉悟者"。觉悟宇宙的真理，是古代印度智者们共同的理想。所以我们在印度教和耆那教的文献中，也会看到"佛陀"这样的称谓，只不过该词在他们那里并不指一位叫悉达多的王子。与耆那教和一些印度教哲学思想相通，佛教有着无限的时间观，更准确地说，只要一个人不达到觉悟，对他来讲，时间就无始无终，无尽地向前延伸，这也就是所谓的生死轮回。于是，在凡人看来，佛陀并不止一位，在久远的过去和无尽的未来，有无数的佛陀出现于世，启发众人。而我们将要谈论的释迦牟尼佛，只是其中之一。在上一个佛陀燃灯佛示现涅槃后很久很久，新一任的佛陀即将觉悟，成就圆

---

① Hybrid Sanskrit，一种常见于早期大乘佛教典籍中的不符合古典梵语语法的特殊梵语，因其在结构和词汇上混有很多俗语的元素而被后来的梵文学者们称为"混合梵语"。

满,这位菩萨①将度过他成佛前的最后一生。在这之前,按照惯例,他化生在兜率天宫,为享受无限荣光和福祉的天神宣扬佛法,并等待机会,降生凡间。

最终,这位菩萨将自己的出生地选在了印度的伽毗罗卫城,他将成为该城统治者净饭王的太子。一部巴利文文献记载了这样的故事:王妃,也就是未来佛陀的母亲摩耶夫人,在受孕的夜晚作了一个美妙奇异的梦,有四位优雅的天神将她的床榻抬至雪山,四位天神的妻子,为她沐浴更衣,然后请她安卧在金色宫殿中的神榻之上。此时一只高贵无比的白象从泛着金光的山顶走来,在床边右绕三匝,进入她的子宫。

三、出世

在由梵文写成的大乘经典《游戏神通》中,我们发现了上面故事的后文,据说王妃将她的梦告诉了自己的丈夫净饭王。这位国王便请了一位婆罗门②来解梦。婆罗门宣布了一个让他又喜又忧的预言:夫人会生下一位伟大的王子,这位王子要么成为全世界的统治者,要么将出家修道,觉悟真理,成为全世界的精神导师。很显然,和真理比起来,我们的净饭王更加热衷政治,所以当他听到预言,便决定全力促使第

----

① Bodhisattva,意为觉悟众生,菩萨是未功德圆满的修行者,是正在成佛之路上前进的行者,当他自觉、觉他的工作达到圆满之时,最终领悟了宇宙的真理,也就成为佛陀。

② 婆罗门是印度四大种姓之一。"种姓"译自梵文 Varna,该词本意为颜色。当肤色较白的雅利安人征服了南亚次大陆,便将肤色较黑的土著居民斥为社会的最下层,于是印度就有了以颜色(Varna)为标志的两个社会等级,之后随着社会的发展,上层的白色阶层又分化为婆罗门(主宗教祭祀者)、刹帝利(武士、国家的世俗统治者和保护者)、吠舍(需要缴税和服役的自由民),而下层的黑色阶层则被称为"首陀罗"(仆役、奴隶等)。这就是印度的四大种姓。种姓世袭,之间不可通婚。后来这四种姓又继续分化出更多的种姓。直到现在,种姓制度仍对印度社会有着不可忽略的影响。佛陀出生在刹帝利种姓之家。

一件事发生，尽力避免第二件事出现。

摩耶夫人即将分娩时，途经蓝毗尼园，扶着一棵无花果树从右胁诞下太子。《游戏神通》给我们讲述了这位太子出生后的奇异举动——他生而能行能言，先是向东方步行七步，说：我将成为众善之首。然后向南步行七步，说：我将受到人天供奉。随即向西步行七步，说：我为最初者，亦是世间无双者，我将超脱生死。之后向北步行七步，说：我为众人之尊。随之向下七步，说：我将摧毁魔军，熄灭地狱之火，甘露普润众生。最后向上七步，说：我将受众生之仰望。说完这雄壮的誓词之后，太子坠地啼哭，与平常的婴儿一般无二。

净饭王为初生的王子在蓝毗尼园举行了长达七天的庆祝典礼，并为太子取名"悉达多"（siddhārtha），意思是"成就"。也就是在王子诞生的第七天夜里，他的母亲就离开人世，投生为天神。关于这件事情的缘由，不同的经典有着不同的解释。有的说，生下伟大佛陀的母亲，不适宜再享受人间的爱欲；有的说，是为了避免佛陀的母亲看到儿子出家，以致心伤欲碎；有的则说，佛陀曾待过的子宫不应该再让别的凡人使用了。

还有一件事情让沉浸在得子喜悦中的净饭王颇感忧心：阿私陀仙人竟然亲自登门拜访，见到太子后老泪纵横，说自己因为太老不能亲自看到太子修行成道，利益众生，甚至还劝勉自己的外甥跟随太子出家。这无疑让国王深感困惑。

为了让自己的儿子履行一个刹帝利的天职，成为一个伟大的统治者，国王必须阻断太子出家修行之路。综合各类经典的记载，国王的行动计划大致分为如下几个步骤：第一步，为王子修建"喜乐宫"、"妙喜乐宫"和"幸运宫"三座豪华的宫殿，营造人间天堂的气氛。第二步，避免让王子遇到任何不如意的事，大家一起努力让王子永远在快乐祥和的人造氛围中生活。第三步，为王子物色并迎娶一位如花美眷，过上幸福美满的家庭生活。

这是一个看似完美的计划，但我们的国王似乎唯独忽视了一件事，那就是太子的灵性。巴利文献《大事》有这样的记载：有一次王子随国王到郊外去参加劝农仪式，看到农人耕地，将一只青蛙从地里刨出，这暴露在外的可怜动物很快被一条蛇吃掉，而一个顽童又将蛇捕捉。看到这一幕的王子深受震撼，世界真实而残酷的另一面，像一道透过门窗缝隙的光射入他敏感的心灵。王子陷入沉思，远离欲乐，修道之心，开始觉醒。

关于王子出家的因缘，一则流传更广的故事是这样说的：王子乘着车夫驾的马车在都城周游，在一个城门外看到一个人韶华不再，身体佝偻，步履蹒跚，便问车夫，此等为何？车夫答道，这是个老人。太子又问，青春年少如我者，也会变老吗？然后悲戚不已。又一次，经过另一个城门，看到一个人卧床不起，粪尿粘身，面容枯槁，便问车夫，此等为何？车夫答道，这是个病人。太子又问，健康强壮如我者，也会生病吗？然后哀不自胜。又一次，经过另一个城门，看到一群人身着丧服，手抬棺椁，落寞缓行，便问车夫，此等为何？车夫答道，他们在为死者送葬。太子又问，生气蓬勃如我者，也会死去吗？然后黯然神伤。又一次，经过另一个城门，看到一个人身着袈裟，心神安泰，动静自若，便问车夫，此等为何？车夫答道，此人修行，号为沙门①。王子喜不自禁，连连称妙，始知出家修道，为免除生死忧患之途。

---

① 在佛陀时代，有一群人游离于婆罗门正统宗教生活之外，不尊吠陀经典为真理，也不以祭祀为万能，或住于深林，或住于城邑，希望通过自己的勤勉修行，息止世间之苦。这种人被称为沙门（śramaṇa）。历史上，将此种背离正统宗教生活的风尚称为"沙门思潮"。

这个故事生动有趣,富于深意,只是在不同的文献中,细节稍有不同。在一部较早的巴利文文献中,类似事件的主人公并非悉达多,而是过去时佛毗婆尸太子。然而无论如何,这个故事一代代流传了下来,成为佛教教义中深邃而动人的组成部分。

经历种种的太子,虽知自己身在福中,但也了解了这世间欲乐终有尽时,无有可眷恋之处,于是决定出家,寻求解脱痛苦、永获安乐的方法。他瞒着父亲,辞别妻儿,偷偷地让仆从车匿备马,连夜跑出宫殿,削长发,易身服,开始了他的灵性之旅。

四、成道

国王听说他心爱的孩子义无反顾地走上了修行之路,十分挂念,便派遣五个侍卫前去寻找王子,并和他一道修行,暗中保护。

王子走进深林,找到在那里修行的瑜伽师,和他们学习禅定,练习控制自己的身体和心识。王子智慧和能力超越常人,很快领悟了师父的修行要诀,日夜精进,功夫渐深;然而王子发现,即使深入到禅定境界,身心仿佛都消散在无尽的虚空之中,最根源性的痛苦也仍然未能消弭,真理的光辉依然被重重疑惑的乌云遮盖。于是他离开了师父,尝试新的觉悟之路。

这一次他选择苦行的道路,因为他意识到只有远离爱欲才有可能获得解脱,就像只有用干燥的木头才能钻出火来。他决定远离一切爱欲之水,放弃安居、洗浴、睡眠,一天只吃最低限度的食物以维持生命。然而当他远离了一切令身体安泰之物后,却并未得到心灵安宁的喜悦,他感到疼痛、恐惧、疲惫,最后是麻木。王子又一次意识到自己走上歧路。

这时,他回想自己年少时沉思冥想的奇妙体验,意识到深入思考所获得的智慧可能才是领悟真理的关键。于是他放弃苦行,洗涤身上的泥垢,接受了一位牧羊女贡献的乳糜,开始新的尝试。

五位前来保护他的王宫侍卫此时已经是真正的修行人了,他们看到王子放弃了坚持数年的苦行,心生轻慢,于是决定离他而去。

然而王子并未难过,因为他相信自己选择的道路。他来到尼连禅河边一棵菩提树下,盘腿而坐,修习止观,发誓若不觉悟,绝不起身。

据说,当太子开始冥想时,眉间放出道道光芒,射向四面八方,众多天神都来顶礼这位未来的佛陀。然而魔王的宫殿却在剧烈地震动,他心生恐惧,无法安享自己的王位,于是带领自己的大军前来进攻。

释迦牟尼苦行像

一场旷古未有的大战,在这位安坐在菩提树下太子的心中上演。魔君向太子投掷出各种骇人的武器,风雨雷电、电光火石在太子的头顶发出震耳欲聋的巨大轰鸣,向他袭来。太子安然而坐,心情平和,用智慧观照,于是这些骇人之物皆变成朵朵清净莲花,顿时漫天花雨。

魔王此时率领自己的十支魔军主力开始进攻了。太子面对列队的大军,说道:我认得你们。爱欲是第一支军队的名称,第二支是忧恼,第三是饥渴,第四贪婪,第五为昏沉,第六叫怯懦，第七支疑惑，第八支伪诈，第九支是贪图名誉，第十支为自赞毁他。魔王，你利用他们来攻击我，我却认得他们。我怎么可能屈服于你呢？魔军闻言，顿时丢盔弃甲，四散奔逃，消弭在太子坚定的信念之下。

魔王一计不成，又生一计，派遣自己的三个女儿——唤做"爱欲"、"爱悦"和"爱乐"，诱惑太子。而太子不为所动，身心安泰，魔女刹那间化为虚空。魔王黔驴技穷，只得销声匿迹。

太子此时安住于自己内心之中，远离各种忧扰，安静地思考和观察，心生喜乐。然后他轻轻放下观察和思考的念头，只留轻安的喜乐在心间。接着，他又让心渐渐从喜乐的感觉中超脱，达到内心纯粹的平静，此时，本身具足的智慧之光渐渐开始显现。最终，他的心不再被任何东西束缚，因为心和束缚它的烦恼已经全部显现出本来的面目：原来它们皆是无上的智慧呀！此时太子身心通透，轮回之轮在他眼前现其全身，也就是在那一瞬间，轮回之苦变成解脱之路，烦恼之障变为般若①之光，无明之惑变为法身之德。世间与超越世间一切事物的本质、现象和作用一一被他领悟，再也没有什么使他困惑进而痛苦了。太子觉悟了，涅槃②了，成为了佛陀。

---

① Prajñā，意译为智慧，是对真理最全面高深的领悟，为了与世间一般的聪明才智相区别，汉译佛典中一般以音译"般若"称之。

② Nirvāna，最原初的意思是吹灭火焰，获得清凉。后引申出非常多的意思，这个词汇的哲学意味也变得越来越浓，在汉传佛教体系里，多数宗派认可将涅槃分为三种，第一种，无余涅槃：领悟真理，故而身心平静，即使连父母所生的肉身也不存在于世间。第二种，有余涅槃：与前一种涅槃唯一的区别在于肉身还存活在世，故称为有余。第三种，无住涅槃：此种涅槃为大乘各宗所重视，认为真正的大修行者，无时不在对真理的体悟中，于是无论生死皆住涅槃，因为对轮回和解脱皆不执著，远离无知与烦恼，游戏神通，故称无住涅槃。

五、弘法

太子是在菩提树下端坐的第七天,当启明星升上天空之时,成为佛陀的。据说,当时,佛陀沉浸在觉悟的喜悦中,久久不愿出定,打算就此进入无余涅槃的境地。这时梵天等诸位天神齐来向佛顶礼,请求佛陀悲悯世间的众生,演说战胜痛苦获得极乐的无上妙法。佛陀轻叹,我所领悟之道甚深微妙,恐怕世间人终难领会吧。然而梵天等再三请求,佛陀终于决定在世间弘法。

关于佛陀最初所说之法,大小乘佛典的记载颇为不同。在恢弘壮阔、美妙绝伦的大乘经典《大方广佛华严经》中,我们听到这样的故事:佛陀初成佛果,进入"华严藏海"的深妙境界,世界的全部真相在其面前展开,真理与智慧合而为一。这时梵天请法,佛陀便向在场的无量众生,宣说自己领会的终极真实。然而如同朝阳初生,只能先照耀万仞巨峰,平原谷地还都隐没在暗夜的清冷中,佛陀此时所说的佛法,只有已经修行良久获得了极高智慧的大菩萨们能听懂,这些菩萨们沐浴在真知的阳光里,如痴如醉。然而,那些修行不够、智慧还未成熟的小乘圣人和凡夫,却如聋似哑,完全不知佛之所云。佛陀非常哀悯这些众生,便从座而起,开始了他在人间的弘法历程。他决定先去鹿野苑向曾经抛弃他的五个侍卫说法,当然要从简单易懂的部分开始说起。

根据大部分巴利文经典,佛陀最初的说法地点便是鹿野苑,此地在如今的印度还留有遗址,为世界上所有佛教徒所虔心朝拜之地。

当佛陀找到那还在苦苦摸索解脱之路的五个人,便对他们说,来听我讲吧,我已经觉悟了,接着对他们宣讲了四圣谛:

首先是苦谛，当我们未达到觉悟，生命时刻都沉沦在痛苦中，生、老、病、死，无一不伴随着泪水，而在我们的人生中，还常常要与所爱的人分别，与所憎恨的人纠结，不如意事十之八九，此外还不得不时刻承受欲望和无聊的折磨。

第二是集①谛，痛苦来自对真理的无知。我们总将无常之物看作常住不变，将没有本质的东西看作本质，然后用尽力气去追逐这些让我们须臾感到快乐的东西，对它们贪恋无比，因此做下种种错事，自食恶果。当"无常"最终证明它的伟力，我们便深陷痛苦。

第三是灭谛，因为痛苦有原因，所以当我们对症下药，消除这些原因，痛苦就能熄灭，其中最重要的当然是消除我们的无知，以及由无知所产生的贪爱。

第四是道谛②，佛法无非就是指示你们真正远离痛苦，获得安宁和快乐的道路。概括地讲，你们应该实行"八正道"：正见解、正思想、正语言、正行为、正职业、正精进、正意念、正禅定。

听完这些道理，那五个修行人，仿佛在沙漠中得了甘露，在迷茫中看到了回家的道路，顿时对佛陀感激涕零，决定以佛陀为师，成为僧人。就在那一刻，在我们的世界上，有了佛，有了佛所讲的法，有了修行佛道的僧团。后世的佛教徒们也就有了自己真正的皈依处。

---

① "集"，巴利文做 samudaya，本身的词意是聚集。事物之生起，在于各种条件的聚集，所以此词又有生起之意。此处，"集"引申为解释苦所产生的原因。关于集谛，最一般的解释方法是十二缘起（在很多较原始的佛教经典中，我们还能看到五缘起、七缘起的说法，都是十二缘起的简略版本）："无明"缘"行"，"行"缘"识"，"识"缘"名色"，"名色"缘"六入"，"六入"缘"触"，"触"缘"受"，"受"缘"爱"，"爱"缘"取"，"取"缘"有"，有"有"故有"生"、"老死"。在另一些文献里，十二支又被概括为三："惑"、"业"、"苦"。其实，都旨在层层解释痛苦产生的原因。

② 准确地说，佛教所说的一切修行法门都能够包含在道谛之中。

　　在此后的几十年里，佛陀在印度四处游化，宣扬佛法，完善僧团制度，对不同根机的人宣说不同的通往解脱的道路，直到八十岁那年，在拘尸那婆罗的两棵树间枕手而卧，示现寂灭，走完了在人间的一生。

　　人们因为受了他智慧的恩泽，无比尊重和敬仰他，便称他做"释迦牟尼"，意思是"出自释迦族的如意珍宝"。

佛灭后的佛教

一、部派佛教

佛陀示现寂灭了，修行还得继续，僧团希望依据真实可信的佛语继续在解脱之路上前行。比丘们聚集起来，决心将佛陀的遗教记录下来。关于佛经的最初集结，不同的经典记载略有不同，现在最为人们接受的说法是，佛灭后不久，在德高望重的大迦叶主持下，由阿难根据记忆诵出经藏，迦叶诵出论藏，优波离诵出律藏。还有一种传说，认为就在大迦叶们聚集集结佛经的同时，还有一千圣徒，因为未能参加集会，则在别处自行集结了另外的三藏，这两群僧人经典的分歧，最终导致了大众部和上座部的分裂，于是部派佛教时代来临。

尽管第二种说法遭到一些历史学家和文献学家的质疑，但凭借记忆、口口相传的佛经内容有鱼鲁之别，再正常不过了。不同学派所依据的经典，极有可能从源头上就有差别，更别说佛教本身就有着多元化的解经传统。下面一个流传颇广的故事生动说明，当失去佛陀的亲身指导，僧团所面临的问题。

有一次，年迈的阿难游化到王舍城外的竹林寺，听到一个年轻的比丘在唱诵佛偈：

> 若人生百岁，不见水老鹤。
> 不如生一日，时得睹见之。

阿难尊者听来奇怪,便纠正说,年轻人,你诵错了,我从佛那里听来的是:

> 若人生百岁,不解生灭法。
> 不如生一日,而得解了之。

年轻比丘颇为疑惑,回去问教他偈颂的师父。他的师父竟然回答说:"阿难老朽,不可相信。"于是徒弟仍然按照原来的句子念诵。阿难听到后,内心惨然,觉得自己于世无益,便示寂了。

总之,在佛灭后的近一百年,教团中僧众的意见对立不可避免地激化了,由玄奘翻译的名著《异部宗轮论》详细记载了各个不同部派的传承、分化乃至对立的过程。佛教的僧团也由最初的一个,变成上座部和大众部两个,乃至后来的二十个之多。南传佛教的史书,也同样记载了这样的分裂,只不过部派数目或有不同,当然这种差异本身就表现了南传和北传佛教正统观的差别。

至于部派分裂的具体原因,主要是戒律和理论的分歧。佛灭度前,曾对阿难说,自己曾制定的小小戒可舍弃,然而阿难却没有问哪些戒是小小戒(这也成为后来大迦叶指责阿难的诸多过失之一)。于是后来的僧团往往会因为一个看似微不足道的戒律分歧而分裂。

关于理论的争论更引人注目,如下三个方面的讨论,最为人所熟知:

首先是"佛陀和阿罗汉观",较为保守的僧团坚持佛陀和阿罗汉的共通性,佛陀作为人间的圣者,本身就是一位大阿罗汉。激进的部派对此种观点很不满,一方面,他们认为佛陀德行与能力远远超过阿罗汉;另一方面,他们强调阿罗汉会有种种过失，并不如佛陀般完美。

第二是"时间观"，由保守的上座部分化出来的说一切有部强调过去、现在、未来都是实实在在的存在，并非虚无，也不会消失。这一说法甚至引起一切有部内部的分裂，那些更信任经藏的僧人提出异议，认为只有现在才有资格被看成实在，而且世界是刹那变化的。

第三个常被讨论的是"我"的问题。很多部派佛教的僧人们似乎都对佛陀教义中"无我"和"轮回"这两个概念所表现出的矛盾颇感困惑，他们提出这样的问题：既然无我，那么谁在轮回？在般若思想得到发展，"无我"这个概念得以深入细致地分析和解释之前，这看起来倒确实是个理论难题。于是说一切有部中的一部分僧人（被称为犊子部）想出了个新概念"胜义补特迦罗"①，来让轮回重新拥有主体。然而在很多僧人看来，这种将婆罗门教"阿特曼"②换一个表达方式再请回佛教的做法，无异于掩耳盗铃。

就这样，一个统一的佛教僧团，最终不可避免地分裂了，不过也许这并不是什么坏事。更加恢弘、深邃、感人至深的大乘佛教，便是在这样的环境中发出了它耀眼的思想光芒。

二、大乘运动

大多数的历史学家认为，大乘佛教的兴起在公元1世纪左右，他们的主要依据是，早期大乘经典所用的语言带着很深的时代烙印。不过很多佛教思想家强调，大乘的精神毫无

---

① 补特伽罗，梵文 pudgala，可以按构词法理解成："再三的趋向"（于轮回中的六道），因此在汉文的翻译传统中，它被意译为数取趣，它是在轮回中众生的根本特征，所以也被用来代指众生。

② Ātman，我，在一些婆罗门教思想传统中，这个概念代表了自在自有之意，因此和另一个核心的概念"梵"（Brahman）获得了根本意义上的同一性。

疑问地深深植根在佛陀最初的教义中。印顺法师在他影响深远的著作《初期大乘佛教的起源与展开》中，提出了很多给人启发但不乏争议性的观点，其中很重要的两点就是，大乘佛教的思想源头可以在《阿含经》尤其是《杂阿含经》中找到，而大乘宗教生活的形式则来自弟子对佛陀的永恒怀念。

无论如何，我们都需要承认大乘思想和被它斥为"小乘"的思想之间引人注目的联系。不过"大乘"确实在很多方面显示了自己思想独有的深刻性和广阔性。这种相对于巴利文佛学的特征，在一些人看来，是"发展"了佛陀的教义，而在另一些人看来，则是更加准确而深入地阐明了佛陀的教义。

大乘佛教的兴盛，从某种程度上讲，是一场深刻的佛教哲学变革，我们将在下一小节具体讨论这个问题。不过，在更广阔的视野下，大乘运动可以看作佛教修行体系的丰富和深化。

大乘佛教不视阿罗汉为自己的修行目标，因为他们认为佛和阿罗汉虽然都是圣者，但相差极大，这种差别的本质在于，佛陀对真理有着具体而全面的把握，而阿罗汉只是对世界的一般原理有着抽象而笼统的认识。既然如此，修行者如果只满足于成为一个阿罗汉，而不是佛，那他会被认为是短视和怯懦的。

如何修行成佛呢？答案是"菩萨道"。从原则上来讲，菩萨道的目标是获得对真理的全知，获得"大涅槃"。但在这个过程中，需要不断增加自己的福报和德行，以滋养智慧。从具体方法上说，修行者需要"六度万行"。"万行"表示一位菩萨应该做一切有助于成佛的事。六度则具体得多，主要包括：布施、持戒、忍辱、精进、禅定和智慧。在很多大乘经典中，佛陀告诉自己最有天分的弟子们，六度是成佛的必要方法，就像人要到达一个地方，需要腿脚和眼睛。前五度是腿脚,而智慧则如同眼目。

　　菩萨道非常重视修行者和他人之间的关系。所以向他人布施,以及安然的忍受屈辱等修行方式,被一再地强调。要真正做到这些则需要"慈悲",即同情和爱护一切众生;要真正做到"慈悲"又需要"智慧",即关照到我和他者在本质上的同一性:菩萨放下对"自我"的执著,将爱自己转变为对整个世界的"大慈悲"。因为他们领悟到自己和世界本身无二无别,是不可分割的整体。对这种不二性领悟得越深入具体,离"大涅槃"也就越近。

三、中观和唯识

　　与"小乘"不同,大乘佛教有自己独特的经典,其中最重要的如《般若经》、《宝积经》、《法华经》、《华严经》、《涅槃经》等。每部经典,基本上都是一部"丛书",由一组相关的经典共同构成。大乘佛教理论与修行体系的展开,正是以这些经典为基础的。在中国,《法华经》、《华严经》分别成为祖师们开宗立派的根本经典。在印度,大乘哲学的开展,是以《般若经》为最重要基础的。公元1世纪以降先后风行南亚大陆的两个佛教派别,中观派和唯识派,都将诠释般若经典当作自己最重要的工作之一。

　　若要列举对整个亚洲思想影响最大的人物,龙树(Nāgārjuna)一定名列前茅。在印度,他是大乘佛学最有力的阐述者,被认为是中观学派的创始人;在东亚,他被崇为"八宗共祖",也就是说,在汉地盛行的每一个佛教宗派都认为自己的思想源头来自龙树;在藏地,他被认为是显教最重要的论师,在密续中则是一位强有力的本尊菩萨。

　　根据现存的几部汉文和藏文传记①,龙树出生在南印度,童年出家,聪慧过人,及至壮年,对各种学问都精通无碍,以至于对佛法产生轻慢,于是想招集门人自创门派。后来的故事颇有传奇色彩,据说龙宫的大龙菩萨哀悯他将要落入邪见,就把他接入龙宫,令其尽阅其所藏的大乘经典,龙树阅后,大开眼界,才衷心服膺佛法,用后半生弘扬大乘。

　　龙树最重要的两部著作《中论》和《大智度论》②都是对《般若经》经义的说明和阐发。区别在于,前者是以经义为依据自成体系的论著,被汉地学者称为"宗经论",而后者是对《摩诃般若波罗蜜经》的注释,被称为"释经论"③。在这两部论著中,龙树细腻完整地讨论了大乘的"空",以及以此为依据的修行方法,这两方面的内容,后来都成为诸多佛学流派的理论基础和思想来源。忠于龙树传统,并更细致地阐发"空之哲学"的大乘学者们被称为"中观派"。

　　中观派对"绝对客观"表示怀疑,他们所攻击的是这样一种偏见:认为世界上有所谓"独立自存"(用术语讲叫"自性")之物。这种根深蒂固的偏见是导致我们在轮回中经受痛苦的根源。于是他们修行方法的核心便是生起观照的智慧,通过不断地破除邪见来达到对世间万法皆"无自性"的认识,从而了无执著,达到解脱。

　　这种讨论问题和修行的方法,随着深化和普遍化,后来引起了一些大乘学者的不满。一方面,中观派似乎太过关注对外部世界概念的分析,而缺乏讨论世界何以能够在我们的

---

　　①　汉藏传记中对龙树的生平记载颇有出入,从出生、求道乃至示寂都有很不同的记载。本书限于篇幅,只能从略。

　　②　有些学者以《大智度论》仅有汉译本传世,怀疑其非龙树所作,但无论如何,对汉传佛教而言,该论的影响力和重要性是毋庸置疑的。

　　③　实际上"摩诃般若波罗蜜多"(Mahāprajñā-pāramitā)正是"大智度"的梵文发音,它们本是同一个词组。

心中显现这一个看起来更关键的问题。另一方面,中观派彻底的怀疑论的观点,又很容易导致智慧不够的人堕入可怕的虚无主义中。

与龙树同样伟大的无著和世亲两位菩萨,正是在这样的背景下阐述了他们后来被称为"法相唯识学"的卓越思想体系。在署名无著的伟大著作《瑜伽师地论》中,唯识学的理论和修行方法得到了全面的讨论,通过对外部概念的类型学和哲学分析,唯识学者们观照到万法皆为心识所变现。于是开始详尽而深入地讨论心识问题,通过细密繁琐地分析我们的内心世界,一种以心为基础,转化妄念成为智慧以得到解脱的修行方案被成功地建立起来。与中观派学者相比,他们更喜欢建立而非批判否定概念,在这点上,他们又被认为是说一切有部佛学方法的继承者,而不像龙树那样被认为是此一学说最强有力的批判者。

四、密乘

据说,无著在写作《瑜伽师地论》的时候,每日白天与学生讨论,夜里深入禅定,上兜率天请教弥勒菩萨自己还感觉有疑惑的问题。这个故事多少让我们联想到密教的本尊修法,似乎也在暗示所谓的秘密乘和显教大乘之间的关系。

一般认为,公元 7 世纪左右,密乘在印度开始流行,并逐渐成为佛教中最重要的流派。此时大乘佛教哲学已经被讨论和深入思考了几百年,各种理论互相借鉴,各位大论师不断完善各自流派的思想体系,最终的结果表现在两个方面:其一,中观派和唯识派通过论战互相了解了对方的优势,并以此来补充自己的学说,从而形成一种介于两者之间的佛教哲学中观—瑜伽行派;其二,在解决了抽象的理论问题后,人们对实际可操作的具体修行方法更加重视。

　　密乘佛教,拥有一整套深具哲学内涵的象征体系,中观学和唯识学的各种深奥观念,被具体化成了各种颜色、本尊、种子字、坛城等等。修行者通过观想和体悟这些具体事物,来达到甚至超越沉思抽象哲学命题所领悟到的境界。对密教来讲,让普遍的真理在有限的具相中展现其无限性,才是有效且彻底的修行方式。总之,密教并不是拒绝哲学,而是将哲学象征化、符号化、实践化了。

　　对密教的批评,多数来自于其看似非常印度教化的修行方式,这些内容被认为当年曾遭佛陀批评和排斥。但是如果深入了解,就会发现,一种更合理的说法是,佛教在很深刻的程度上改变了印度教,以至于这个古老的宗教传统在密教那里从本质上被佛化了。即使通过性爱来修行,这种被认为离开原始佛教"远离爱欲"的教义最远的修行方式,也深深烙上了体认缘起性空,破除执著,以达至解脱的印记。

　　不过从历史上看,佛教这种"暗度陈仓"的方式,似乎走得过远,以至于失去了使得早期佛教充满生机的理论和社会批判性。当伊斯兰教席卷整个南亚次大陆,佛教最后的大寺庙被摧毁后,佛教在印度的复兴便步履维艰,很多印度人已经不把佛教当作印度传统宗教体系之外的独立部分了。

佛教影响世界

一、佛教在日本

佛教虽然在南亚次大陆起源，但影响逐渐遍布整个亚洲。根据不同的教义传统和流行地域，佛教在亚洲大陆分成三大支：汉传佛教、藏传佛教、南传佛教。汉传佛教主要流行在中国汉地，东亚日本、韩国、越南；藏传佛教则随着中世纪吐蕃的强盛深刻影响了中国藏地、蒙古和东北亚的广袤地区；南传佛教盛行于东南亚和中国西南地区。另外在汉—藏文化和印度文化交汇地带的中亚也曾形成独特的具有融汇性质的佛教传统。

除了中国，受到佛教最深刻而广泛影响的国家应该是日本了。公元 538 年日本钦明天皇在位时，朝鲜半岛的百济王遣使日本，带去佛像、经书和经幡盖。此事被认为是佛教传入日本的标志性事件。佛教在日本的真正兴盛大概在圣德太子时代（574—622），其时太子派遣使者进入隋朝学习中国文化，佛教也是其中的重要部分。此时，南北朝时期趋于成熟的中国佛教宗派纷纷东渡，在日本都城奈良形成了三论、成实、法相、俱舍、华严、律宗等"奈良六宗"。中国唐代律宗僧人鉴真艰辛渡海传教的故事更是在日本成为家喻户晓的传奇。

时至平安时代（794—1192），天台宗和密宗也传入日本，并成为有别于旧都城派别的佛教新力量，从政治和文化双方面影响了日本的历史进程。两宗的日本创始人传教大师最澄（767—822）和弘法大师空海（744—835），同时入唐求法，回国后分别在比叡山和高野山创立道场，形成了日本源远流长的两大佛教传统。天台宗比叡山的僧人以学养深厚闻名，后来的许多日本佛教宗师都出自其中，之中最著名的恐怕要数后来日莲宗的创始人日莲上人。真言宗高野山的僧人则更以道术高明而为人所知。时至今日，日本关西各地都还能见到许多民间纪念弘法大师的古塔。据说大师经常巡游日本各地，利用自己的法术帮助当地百姓，其中尤其以弘法大师为旱地开清泉井的故事最为流传广泛。这些流行各地的相似传说，也反映日本佛教的特色。

镰仓时代（1192—1333），随着武家文化的兴盛，进入日本的禅宗以其简洁明快、刚猛雄健的传教风格大受武士阶层欢迎。日本佛教也在武家文化的基础上慢慢形成自己的特色。另外，净土真宗、日莲宗等具有鲜明个性的宗派也相继建立。时至近代，经历了对外战争和对内专制的创伤，日本佛教形成了重视学术、重视传统的新特色，一些颇具影响力的新宗派比如创价学会等不断推动日本佛教发展。有佛教背景的大学也在现代日本学术研究领域占有显著的地位。日本的佛学也率先进入西方学者的视野，推动了欧美学术界对东方宗教和传统的了解，为佛教的全球化贡献了自己的力量。

在战乱频仍的年代，佛教以慈悲利物的精神给苦难中的人民以慰藉。繁荣和平的时期，佛教又以深邃高远的佛理激发人们的文化灵感。汉传佛教以其独特的魅力征服了这个岛国，深刻地影响了其民族文化，在一定程度上塑造了日本的性格。

二、佛教在亚洲腹地

中亚、西藏高原、东北亚的蒙古高原，都是亚洲腹地具有特色的文化区域，它们都曾经或依然受着佛教深刻的文化影响。

西域各国在西汉就和中国中心地区的政权建立了联系。当时的佛教发源地印度正在孔雀王朝阿育王的治理下，他是位强有力的统治者并热衷佛教。在公元前 259 年前后，他不断派遣僧人各处传教。自此佛教走出印度恒河流域的有限之地，向东南亚各国、中亚各地广泛传播，终于成为一个世界性的宗教。西域诸国，包括现在的土耳其、阿富汗，乃至中国新疆的广袤地域，由此都成为了佛教繁盛的地区。

随后的许多个世纪，中亚腹地几度更换统治者，形成许多国家，各国互相征伐，波斯、印度文化乃至希腊文化也就在此机缘下交融。而佛教随着几个信仰它的帝国强盛而不断扩大影响，西域各国中尤其以大月支、安息、康居的佛教较为繁荣。公元 4 世纪的时候，佛教达到鼎盛，文化影响不断向东扩展。根据历史学者们的研究，当时形成了以龟兹为主的小乘佛教中心和以于阗、高昌为中心的大乘佛教中心。佛教在这里繁荣了数个世纪，情形恰如玄奘游学路途中所见。

直到公元 960 年，回鹘人建立的喀喇汗王朝宗伊斯兰教为国教，并紧接着对当时西域佛教重镇于阗发动"圣战"，终于在几十年后攻克于阗王城。大量佛寺被毁坏，佛教徒被迫改宗，也有僧人逃往青海和藏地。后来尽管该王朝先后臣服于信奉佛教的西辽和蒙古，佛教在西域依旧保持兴盛，但最终随着蒙古帝国政局不稳，东察合台汗国改宗伊斯兰教并不断发动"圣战"，人口大量被迫改信伊斯兰教，中亚佛教在几百年繁荣之后归于沉寂。

中亚佛教文化有其独特的个性,是在印度文化、波斯文化和希腊文化互相影响下发展起来的。同样,中国西藏和蒙古地区的藏传佛教文化也有其独特的魅力,它是汉、藏、蒙、印四种文化交融互鉴的成果。

7世纪中叶,吐蕃王朝最著名的统治者松赞干布在位时,佛教正式传入藏地。在这之前,当地有着深厚的"苯教"传统,这是一种重视神秘仪式和巫术的"原始"宗教,现在被很多学者认为属于广泛存在于亚欧大陆早期"萨满教"传统的一部分。如果这个推论正确的话,西藏和蒙古在佛教传入之前有着相似的思想背景,他们分享同样的佛教传统也就不足为奇了。

在西藏佛教史上,几个关键性的事件影响深远。首先当然是松赞干布分别迎娶尼泊尔的赤尊公主和大唐的文成公主,并为她们分别带来的8岁和12岁等身佛像建立大昭寺和小昭寺。这件事可以看作藏传佛教历史书写的第一章。汉地佛教和印度佛教同时进入西藏,在和共同对手"苯教"交锋时,两者的差别并不明显,但到了赤松德赞治藏时期(755—797),分歧就很明显了。印度佛教方面先后有好几位高僧入藏并被郑重其事地记录下来,莲花生大士、大学者寂护,还有精通显密的莲花戒大师,无论在文化史还是宗教史上都堪称伟大人物,正是他们奠定了西藏佛教的基调。在汉传佛教方面,也许因为竞争失败的缘故,只留下一位叫做摩诃衍的禅师名字,如果再想到"摩诃衍"这个词只是"大乘"的梵文音译,可以用来代指任何一位大乘法师,就可以知道后来的藏地史书对这位失意者如何记录草草了。

不过,摩诃衍的禅宗当时在藏地的影响非常可观,否则赤松德赞也无需举行那场著名的桑耶寺辩论了。不同的文献对这场辩论的结果记载不同,但最后禅师"摩诃衍"被迫离藏却是事实。只不过一方文献记载是因为辩论失败，而另一方面的文献则说，尽管禅师辩论胜利了，但不幸卷入了宫廷的政治漩涡，遭到政敌迫害，所以被驱逐了。尽管事情的结果如此，但我们依旧不能漠视汉传佛教对藏地的影响，如果仔细分析就会发现，不同于印度佛学唯有中观、唯识两家兴盛，在藏族佛教传统中，汉地占主流地位的"如来藏觉性"思想在大多数宗派的教义里发挥着极为关键的作用。

在印度显流和汉地暗流的双重作用下，藏地佛教在赤祖德赞时代（815—841）发展到鼎盛，但在接下来的统治者朗达玛在位期间（841—846），"法难"来临。尽管这位藏王在位时间不长，但他的灭佛运动影响深远，西藏政治史和佛教史都由此一分为二。当佛教再次在藏地复兴，藏传佛教史上与"前弘期"相对应的"后弘期"开始了。

早先由莲花生大士传下来的佛教法门在后弘期依旧流行，被称为"宁玛巴"（意思是旧教派）。与之相应，"后弘期"又有许多新教派形成，西藏佛教也迎来了它的"教派时代"。其中较早发挥巨大影响的是萨迦派，这个宗派因为"萨迦寺"而得名。萨迦派在家族中传承，并在公元 13 世纪出现两位在中国正史上举足轻重的高僧：萨迦班智达和他的侄子八思巴。前者是博学深邃的学者，高瞻远瞩地使藏地和平归入元朝中央政府的治理；后者则是藏地和蒙古的文化英雄，是忽必烈汗的帝师，为蒙古创制文字，在西藏则建立起政教合一的新政治体制。另外的教派还包括"噶举派"、"觉囊派"，以及明代兴起、由宗喀巴大师创立，并最终成为藏地佛教最主要势力的革新教派"格鲁派"。各个教派的传承不同，学说也有差别，更引人注目的是修行方式各异，其中较为著名的是宁玛派所修行的"大圆满"法、萨迦派"道果法"、噶举派的"大手印"法等。这些"法"都由一定的佛学教义和建立在这些教义上的修行仪轨以及形式独特的信仰体系组成,充满象征意味和神秘性,这也是藏传佛教的特色。

在东北亚和东南亚,佛教也一直是举足轻重的文化力量。公元6—8世纪吐蕃王国一度成为亚洲腹地强有力的政权,因此藏传佛教结合当地的萨满传统成为这一时期东北亚重要的宗教。而在东南亚,佛家则更直接地继承了自阿育王时代就流传下来的传统,以南传上座部为主流,这一支后来又影响了我国西南地区的少数民族,与汉传、藏传佛教一起构成了亚洲丰富多彩的佛教文化集合体。

三、佛教在西方

17世纪的天主教耶稣会士和19世纪的基督教徒两次深入东方世界,目的是传播他们的福音,但这也同时成为了西方新兴起的知识界了解东方文化的一个契机,被阿拉伯人阻断了数个世纪的两大文明又开始直接交汇。大量汉语、巴利语、梵语、藏语写本和刻本进入了欧洲的图书馆,等待对神秘东方感兴趣的学者们研究。

“东方学”这个现在略带贬义的有争议词汇,成为传统亚洲文明开始影响现代欧洲的一个象征。19世纪欧洲的文化重镇如法国和德国等运用自己历史悠久的古典学传统,认真对待亚洲文献,构建自己的知识大厦。佛教作为在亚洲最普遍存在的思想形态,受到理所当然的重视。此时欧洲的佛教,是纯学术的佛教,也是文献学意义上的佛教。大部分学者像研究一件藏于博物馆的古物或艺术品那样研究它,小心翼翼地将其与自己的信仰生活隔离。根据文本使用语言的不同,佛教被分别归入印度学、汉学、藏学等不同领域,佛教被当作不同的地方性文明的组成部分,对其在逻辑和哲学宗教方面的思考和研究远远落后于对其文本研究的水平。

这种方法被当作欧洲的高贵学术传统而得到保护与继承，直到战后美国的新风格席卷整个旧大陆。

把佛教带入美国的人与将之带入欧洲的人不尽相同，其中包括华人劳工、亚洲移民和东方国家的僧人，这些人的佛教可不只在文献记载中，而是在实实在在的日常生活里。

在学术机构，与欧洲文献学家们的佛教不同，美国研究佛教的学者更加喜欢用社会学和人类学的方式看待他们的研究对象，这样一来，原本对佛教的"文献学考订"变成了社会学家们的"参与式观察"。另一方面，信仰与研究对象尽管依旧被认为有分离的必要，但对基督教的绝对忠诚在美国也不复存在。美国学者 Prebish 曾用"Silent sangha"（沉默的僧伽）来描述美国的佛教学者们，表示他们虽然未公开自己的信仰，但在感情和理智上都站在佛教一边，早已不像他们的欧洲前辈那样时刻担心自己变成思想的异端。对佛教修行和组织活动的广泛参与甚至使 Prebish 更进一步用"Scholar-Practitioner"（学者型修行人）来称呼他的同事们。

1893 年在美国芝加哥举行的世界宗教大会（World Parliament of Religions）更成为佛教进一步走进西方世界的契机。日本禅师演宗和锡兰佛教徒达摩波罗分别代表不同的佛教传统出席了该大会。这之后，演宗的弟子铃木大拙更是在美国掀起了"禅宗热潮"。禅宗有着独特的审美趣味、深邃的思想内涵和明快有效的修行方式，对美国人产生了很大的吸引力，甚至一度成为美国青年反叛精神的象征。20 世纪之后的岁月里，华人佛教界也开始活跃于美国，宣化上人、圣严法师、星云大师等僧人先后赴美建立道场，开办综合型的佛教中心、慈善机构甚至大学，影响巨大。

还值得一提的是近几年流行在美国的"Engaged Buddhism"（参与佛教）运动。它最早由越南僧人一行禅师提出，用来对应太虚大师的"人间佛教",也可以看作是"人间佛教运动"在西方的回应。在这样的口号下,佛教走进家庭,变成人们日常生活的一部分,修行也变得更生活化,佛教徒甚至还参与到政治生活中,在西方主流社会拥有了更多政治话语权。

原典选读

般若波罗蜜多心经

[唐]玄奘 译

观自在菩萨①行深般若波罗蜜多时②，照见五蕴③皆空，度一切苦厄。舍利子④! 色⑤不异空⑥，空不异色；色即是空，空即是色。受⑦、想⑧、行⑨、识⑩，亦复如是。舍利子! 是诸法空相，不生不灭，不垢不净，不增不减。是故，空中无色，无受、想、行、识；无眼、耳、鼻、舌、身、意⑪；无色、声、香、味、触、法⑫；无眼界，乃至⑬无意识界⑭；无无明⑮亦无无明尽，乃至无

---

① 观自在菩萨：即观世音菩萨，梵文 avalokiteśvaras。

② 是说观世音菩萨深入禅定，用禅定中深邃的智慧观察这个世界。

③ 蕴：Skandha，或译阴，有覆盖和集聚的意思。五蕴即色、受、想、行、识。

④ 即舍利弗，佛陀弟子中被称为智慧第一的大阿罗汉，是该经的当机者。

⑤ 色：rūpa，印度哲学中的概念，指一切可变化、有质碍之物，可以大致理解为"物质"。

⑥ 空：śūnyatā，虚幻无自性之意。

⑦ 受：vedānā，五蕴（阴）之一，知觉感受。

⑧ 想：sajjñā，五蕴（阴）之一，从对境中取相、形成印象的心理过程。

⑨ 行：samskāra，五蕴（阴）之一，由意志所产生的行为。

⑩ 识：vijñānāni，五蕴（阴）之一，心的了别作用。

⑪ 眼、耳、鼻、舌、身、意合称六根，六种感觉外部世界的功能或器官，其中意（manas）指意识。

⑫ 色、声、香、味、触、法合称六尘，是六根所感觉到的对象。

⑬ 佛经中常使用的省略词，所省略的内容为十八界——六根、六尘、六识合称十八界。

⑭ 界：dhātu，一物区别于另一物的界限，可以理解成事物的特性，或不同事物的种类。十八界，即被区隔开来的十八种不同概念，除上文所提及的六根、六尘外还包括六识：眼识、耳识、鼻识、舌识、身识、意识。这三组各六个概念共形成十八个概念，从"眼界"到"意识界"。六识中的"识"是指因为六尘被六根所感知而在心中形成的关于"尘"的观念。

⑮ 无明：navidyā，无知。

老死亦无老死尽；无苦、集、灭、道；无智，亦无得。以无所得故，菩提萨埵依般若波罗蜜多故，心无罣碍；无罣碍故，无有恐怖，远离颠倒梦想，究竟涅槃。三世诸佛依般若波罗蜜多故，得阿耨多罗三藐三菩提[①]。故知般若波罗蜜多，是大神咒，是大明咒，是无上咒，是无等等[②]咒，能除一切苦真实不虚，故说般若波罗蜜多咒。即说咒曰：揭谛[③]揭谛 般罗[④]揭谛 般罗僧[⑤]揭谛 菩提[⑥]娑婆诃[⑦]。

百喻经选

三重楼喻

往昔之世，有富愚人，痴无所知，到余富家，见三重楼，高广严丽，轩敞疎朗，心生渴仰，即作是念："我有财钱，不减于彼，云何顷来而不造作如是之楼？"即唤木匠而问言曰："解作彼家端正舍不？"木匠答言："是我所作。"即便语言："今可为我造楼如彼。"是时木匠即便经地垒墼作楼。愚人见其垒墼作舍，犹怀疑惑，不能了知，而问之言："欲作何等？"木匠答言："作三重屋。"愚人复言："我不欲下二重之屋，先可为我作最上屋。"木匠答言："无有是事，何有不作最下重屋，而得造

---

① 阿耨多罗三藐三菩提：无上正等正觉（ānuttarāmsamyaksambodhim），对真理最终的、正确的、完全的把握或觉知。

② 无等等：没有与他相等的。

③ 揭谛：梵文 gate，到达。因为整句是咒语，所以玄奘只用汉字对音，没有将此句话意思译出。

④ 般罗：梵文 pāra，对面、彼岸。

⑤ 僧：梵文 sam，前缀表示一同、一起。与后文揭谛合成词组表示一同到达之意。

⑥ 菩提：梵文 bodhi，觉悟。

⑦ 娑婆诃：梵文 svāhā，表述祝祷的感叹词，常用于咒语结尾。

彼第二之屋？不造第二云何得造第三重屋？"愚人固言："我今不用下二重屋，必可为我作最上者。"时人闻已便生怪笑，咸作此言："何有不造下第一屋而得上者？"譬如世尊四辈弟子，不能精勤修敬三宝，懒惰懈怠，欲求道果，而作是言："我今不用余下三果①，唯求得彼阿罗汉果。"亦为时人之所嗤笑，如彼愚者等无有异。

医与王女药令卒长大喻

昔有国王，产生一女，唤医语言："为我与药，立使长大。"医师答言："我与良药，能使即大，但今卒无，方须求索。比得药顷，王要莫看，待与药已，然后示王。"于是即便远方取药，经十二年，得药来还，与女令服，将示于王，王见欢喜，即自念言："实是良医，与我女药，能令卒长。"便勅左右赐以珍宝。时诸人等笑王无智，不晓筹量，生来年月，见其长大，谓是药力。世人亦尔，诣善知识而启之言："我欲求道，愿见教授，使我立得。"善知识师以方便故，教令坐禅观十二缘起，渐积众德，获阿罗汉，倍踊跃欢喜，而作是言："快哉大师！速能令我证最妙法。"

乘船失盂喻

昔有人乘船渡海，失一银盂②，堕于水中，即便思念："我今画水作记，舍之而去，后当取之。"行经二月，到师子诸国③，见一河水，便入其中，觅本失盂。诸人问言："欲何所作？"答

---

① 获得阿罗汉（arhat）之前需要先依次证得须陀洹果（Srotāpanna，入圣者之流）、斯陀含果（Sakridāgāmi，译为一来，只要在欲界的人间和天上再各受生一次，则可正道解脱）、阿那含果（anāgāmi，不还，再还来欲界受生），它们与阿罗汉并称小乘四果。

② 盂：即钵盂，僧人用的食器。

③ 师子国，又作狮子国，即锡兰，今斯里兰卡。

言："我先失盂，今欲觅取。"问言："于何处失？"答言："初入海
失。"又复问言："失经几时？"言："失来二月。"问言："失来二
月，云何此觅？"答言："我失盂时，画水作记，本所画水，与此
无异，是故觅之。"又复问言："水虽不别，汝昔失时，乃在于
彼，今在此觅，何由可得？"尔时众人无不大笑。亦如外道不
修正行，相似善中，横计苦困，以求解脱，犹如愚人失盂于彼
而于此觅。

入海取沉水①喻

昔有长者子，入海取沉水，积有年载，方得一车，持来归
家。诣市卖之，以其贵故，卒无买者，经历多日，不能得售，心
生疲厌，以为苦恼，见人卖炭，时得速售，便生念言："不如烧
之作炭，可得速售。"即烧为炭，诣市卖之，不得半车炭之价
直。世间愚人，亦复如是，无量方便勤行精进仰求佛果，以其
难得，便生退心，不如发心，求声闻果，速断生死，作阿罗汉。

奴守门喻

譬如有人，将欲远行，勅其奴言："尔好守门，并看驴索。"
其主行后，时邻里家，有作乐者，此奴欲听，不能自安，寻以索
系门，置于驴上，负至戏处，听其作乐。奴去之后，舍中财物，
贼尽持去。大家行还，问其奴言："财宝所在？"奴便答言："大
家先付门驴及索，自是以外，非奴所知。"大家复言："留尔守
门，正为财物，财物既失，用于门为？"生死愚人，为爱奴仆，亦
复如是，如来教诫常护根门，莫着六尘，守无明驴，看于爱索。
而诸比丘，不奉佛教，贪求利养诈现清白静处而坐，心意流
驰，贪着五欲，为色声香味之所惑乱，无明覆心，爱索缠缚，正

---

①　沉水：即沉香木，一种非常名贵的香木。

念觉意道品①财宝悉皆散失。

蛇头尾共争在前喻

譬如有蛇,尾语头言:"我应在前。"头语尾言:"我恒在前,何以卒尔?"头果在前,其尾缠树不能得去,放尾在前,即堕火坑,烧烂而死。师徒弟子亦复如是,言师耆老每恒在前,我诸年少应为导首。如是年少不闲戒律,多有所犯,因即相牵,入于地狱。

人谓故屋中有恶鬼喻

昔有故屋,人谓此室常有恶鬼,皆悉怖畏,不敢寝息。时有一人,自谓大胆,而作是言:"我欲入此室中,寄卧一宿。"即入宿止,后有一人,自谓胆勇胜于前人,复闻傍人言此室中恒有恶鬼,即欲入中,排②门将前。时先入者,谓其是鬼,即复推门,遮不听前;在后来者,复谓有鬼,二人斗诤,遂至天明。既相觑已,方知非鬼。一切世人,亦复如是,因缘暂会,无有宰主,一一推析,谁是我者?然诸众生,横计是非,强生诤讼,如彼二人,等无差别。

夫妇食饼共为要喻

昔有夫妇,有三番饼,夫妇共分,各食一饼,余一番在,共作要言:"若有语者,要不与饼。"既作要已,为一饼故,各不敢语。须臾有贼入家偷盗,取其财物,一切所有,尽毕贼手;夫妇二人,以先要故,眼看不语。贼见不语,即其夫前,侵略其

---

① 道品:梵文 bodhi-pakṣika,达到觉悟和涅槃的方法,佛经中常出现有三十七道品,是帮助觉悟修行途径。

② 排:即推。

35

妇,其夫眼见,亦复不语。妇便唤贼,语其夫言:"云何痴人为一饼故,见贼不唤?"其夫拍手笑言:"咄!婢我定得饼,不复与尔。"世人闻之,无不嗤笑。凡夫之人,亦复如是,为小名利故,诈现静默,为虚假烦恼种种恶贼之所侵略,丧其善法,坠堕三涂,都不怖畏,求出世道,方于五欲,躭着嬉戏,虽遭大苦,不以为患,如彼愚人,等无有异。

妇女患眼痛喻

昔有一女人,极患眼痛,有知识女人问言:"汝眼痛耶?"答言:"眼痛。"彼女复言:"有眼必痛,我虽未痛,并欲挑眼,恐其后痛。"傍人语言:"眼若在者,或痛不痛,眼若无者,终身长痛。"凡愚之人,亦复如是,闻富贵者衰患之本,畏不布施,恐后得报,财物殷溢,重受苦恼。有人语言:"汝若施者,或苦或乐,若不施者,贫穷大苦。"如彼女人,不忍近痛,便欲去眼,乃为长痛。

二鸽喻

昔有雄雌二鸽,共同一巢,秋果熟时,取果满巢,于其后时,果干减少,唯半巢在,雄瞋雌言:"取果勤苦,汝独食之,唯有半在。"雌鸽答言:"我不独食,果自减少。"雄鸽不信,瞋恚而言:"非汝独食,何由减少?"即便以觜①啄雌鸽杀。未经几日,天降大雨,果得湿润,还复如故,雄鸽见已,方生悔恨:"彼实不食,我妄杀他。"即悲鸣命唤雌鸽:汝何处去?凡夫之人,亦复如是,颠倒在怀,妄取欲乐,不观无常,犯于重禁,悔之于后,竟何所及?后唯悲叹,如彼愚鸽。

---

① 觜:鸟嘴。

佛教在中国：各宗峰峦叠嶂

　　本章介绍佛教在中国的发展历程，描述其在中国历史演进过程中与中国文化的交互影响。佛教在中国传播发展的过程中，出现了很多伟大的宗教家和思想家，也发生过许多精彩生动的历史故事，这些人和事已经深深地植根于我们的民族记忆里，成为中国文化传统中弥足珍贵的宝藏。

汉魏六朝的名士佛学

一、初传

佛教初传中国的确切时间和地点，如今都还是有争议的问题。原因是这方面的记载，见之正史者少，见诸后来佛道辩论的护教文献中多，其真实可信程度便遭人怀疑了。但就思想史和文化史而言，这些传说自有其非凡的魅力，后世文人学者往往用作典故，引入诗文，托故事以言志。所以这些还不能确定其真实性的传说也就成了中国文化与中国佛教不可分割的一部分。

"昆明池底灰"的故事流传甚广，最早的记载来自《高僧传》。据说当年汉武帝穿昆明池底，见到黑色的灰，不知何物,便问博学的东方朔,他也不知道,建议问问西域的胡僧。后来僧人法兰来华,才给出了答案:此是上一次世界毁灭时,大火焚烧的残骸。这则故事背后深远悠长的时间观,令人印象深刻。尽管我们找不到这个故事的更早版本,但它还是受到了后世文人和释子的喜爱,被不断提及。

令更多人信为实事的是近两百年后永平求法的传说。据说汉明帝一天夜梦神人,身放日光,飞在殿前,醒来后身心喜悦,便以此事询问群臣。其中博通古今的大臣傅毅回答道:臣闻天竺有得道者,号曰佛,可能您梦到的就是佛吧。汉明帝听后,就遣使至大月支国求佛法,待使者从西域带回写本佛经,藏于兰台,又在洛阳城西建白马寺。

这里只是略述其大概。这个故事版本甚多,所涉及的人物也有不少出入,再加上涉及到梦验等看似奇怪之事,所以引起很多人的怀疑。

而为大多数历史学家承认的关于佛教传入的最早记载,出自《魏略·西域传》,其所记哀帝元年,大月支王使伊存教授博士弟子卢景佛经事,时间较永平求法早六十多年。

另据《后汉书》记载,明帝时造反自杀的楚王英曾有奉佛之举。英身居楚地,远离洛阳,已经知佛奉佛。把这些故事联系起来,让我们相信,早在传说中的永平七年求法之前,佛教就已经在汉帝国存在了。

佛教之传入,究竟是自皇族下传至民间,还是自下层上传至宫廷,文献不足,不能确定。最早是由西域传至洛阳,由北至南流行,还是最早由海路传至南方再向北传播,也不能得到确切的回答(最近在南方发现的考古资料,似乎让后一种可能性增大了)。然其先在民间信仰中流行,而后渐成势力,终为皇帝身边的言官和中央史官所注意,载之正史,这样的情况不无可能。汉代神仙方术盛行,部派佛教重禅定,其禅法中有呼吸吐纳等调身之法,和方术中的养生术正好有相类似之处。而大乘佛教重佛像,又有拜佛之举,正好和民间的神灵崇拜相契合。佛教初传中国,被认为是外国的方术与神仙祭祀先被民间所接纳,也在情理之中。若果真如此,则"先有精英佛教,而后才退化成民间佛教"的说法便不能成立了。

二、从禅数学到玄佛学

在汉代有两位佛经翻译家,他们分别热衷于译介小乘和大乘的经典,为中国后来的佛学发展奠定了基础。

安世高,据载本是安息国的王子,让国位于自己的叔叔,来到洛阳,专心弘法译经,他所翻译的经典中以《安般①经》和阿毗达磨②类经典为主,前者主要讲述小乘佛教以观呼吸为基础的禅修方法;后者则是详论和分析佛教各种名相概念的"经院哲学",都带有浓厚的上座部佛教色彩。

支娄迦谶,大月支人,在洛阳译经的时间大致和安世高相同,不过他以翻译大乘经典为主,其中最重要的无过于《道行经》。该经是般若经丛书中的一种。这部经的翻译可以说是般若思想在中国的最初传播,对后来的中国佛学发展影响深远。除此而外,他还翻译了很多涉及大乘禅法的书,其中

---

① 安般,梵文 Anapana,或译阿那波那,意译为"数息观"。

② 阿毗达磨,梵文 Abhidharma。从构词法上讲,该词有两部分,其中"dharma"就是法的意思,在梵语中,"法"的意思极为广泛,可以代指世上的一切事物。在佛教中,这个意义被继承了下来,同时,法有时专指佛所说之教义。而前缀"abhi-"则有多种解释,或谓为"向对"之意,表示与法相对者,即智慧,故将此词意译为"对法",或以 abhi 为"无比"者,故也有"无比法",大法。《华严探玄记》根据世亲的解释列出阿毗达磨的七种意思:(一)对法(对向、对观),(二)数法,(三)伏法,(四)通法,(五)无比法,(六)大法,(七)释法。

包括《般舟三昧[①]》和《首楞严[②]经》。前者是通过不断行走并念佛,以达到亲见十方佛立于前境的大乘法门,而后者则描述了首楞严三昧的种种特征,据说,如果得到这种"三昧",其他诸种三昧的深浅高下就悉能知晓,是一种境界很高的大乘禅法。

安世高和支娄迦谶汉末在洛阳的译经和教学,标志着佛法开始在思想和学术层面影响中国文化。在紧接着的魏晋时期,中国的学者和思想家们,则以更主动的态度学习佛教,并试图将之引入到自己的文化体系中来。

魏晋玄学,尊《周易》、《老子》、《庄子》为三玄,名士以解玄言为妙谈,又重风度仪态,实在是一个崇尚审美的时代,即使学问,亦以高妙玄远为宗。而佛教的般若学立意高而理境深,自然有为人所重视的可能性,不过若要真正引起儒学者的注意,还缺不了高僧的推介。在"玄学时代"受到朝野倾慕而名重一时的高僧大概首属支道林了。在《世说新语》中有许多支道林的趣事,他神心警悟,清识玄远,实在是名僧兼名士一类的人物。

道林习《般若》和《十地经》有所悟,之后寻庄子"逍遥游"义,其解独步当世,为人所景慕。其与谢安、王羲之等当时名士,多有交游。据说初晤王羲之时,羲之自矜风姿优雅,而支道林相貌丑陋,颇为轻视他,以致不与之交谈。后羲之出行,又遇道林与之攀谈,言逍遥游之义,道林口若生花,羲之为之着迷不已,深为折服。

支道林的佛学,以解般若开"即色游玄义"为最有名,又以之解庄子发玄学之深意,被时人王濛评价:"寻微之功,不

---

① 般舟三昧,梵文 pratyutpanna-samadhi,意谓(使佛)立于前之三昧。
② 首楞严,梵文 Śūraṃgama,意译作"健行"、"勇行"。

减辅嗣。"王辅嗣(王弼)是公认一流的玄学家,可知当时名僧之玄学,已经为人称赞不已。

玄学时代,也算是佛学和中国文化的第一个蜜月期。

三、从道安到慧远

与支道林同时代的中国北方,也出现了一名对中国佛教影响巨大的高僧,被当时人称作"弥天释道安"。

道安的师父是赫赫有名的佛图澄。佛图澄是西域人,据记载擅长解经和咒术,通种种神变。当时北方正值五胡之乱,建立后赵政权的石勒残忍嗜杀。佛图澄展示神通,用咒术在很短的时间内使清水中生出一朵光艳夺目的莲花,从此石勒信服,杀戮也有所收敛。

不过神通的效果总是有限的。真正让佛图澄海内闻名的还是他的解经与德行,尤其在战乱频仍的北方,吸引了很多向他求法的人,其中就有释道安。

道安(312—385)生于常山扶柳,二十四岁时,入邺城,师事佛图澄。五十多岁时,又避乱往襄阳。法师先居河北,后往河南,半生弘化,对禅数和般若之学都曾深入研究,颇有造诣。道安对中国佛教影响之深远,实在难以用简略的语言表达,以下仅试举数端:

整理经典。道安以义学闻名,对当时流行之佛教典籍的收集、整理、著录、校勘、辨伪都颇为留心,作《综理众经目录》,开我国佛教目录学一代风气。

发扬义学。道安的般若学说,被称为"本无义",在南北朝诸多般若学说中,自成一家,为后世对般若思想的深入理解奠定了基础。

定立戒规。道安在襄阳时,领僧众数百,高度重视僧团中戒律仪轨,后世记载中有安法师三科之谓:

　　安既德为物宗，学兼三藏，所制僧尼轨范，佛法宪章，条为三例：一曰，行香定座上讲经上讲之法；二曰，常日六时行道饮食唱时法；三曰，布萨差使悔过等法。天下寺舍遂则而从之。①

　　从讲经说法的程序，到日常饮食的规则以及礼拜忏悔的仪式，道安都根据当时流传的经典详加规定，实在是后世中国佛教仪式传统的重要源头。关于道安所定的戒规，有一项看似微细却有标志性意义：所有的出家人都以"释"为姓的习惯，是从道安僧团开始的，其后成为了全国性的长久规定。

　　除以上各点，道安还对后来全国范围内的弥勒净土信仰和与此相关的念佛法门影响巨大。据记载他和弟子法遇等八人，每于弥勒像前，立誓往生兜率，发后世净土法门之先声。

　　在历数道安的各项成就后，我们或许不应该忘了，他对中国佛教还有一个举足轻重的贡献，那就是教出一个好弟子：慧远。

　　慧远（334—416），雁门娄烦人。二十一岁时，投道安出家，三十二岁又随之去往襄阳。后来，前秦攻襄阳，道安欲南行而不得，于是分遣弟子们南下弘法，对各位都给予了殷勤嘱咐，唯对慧远一言不发，慧远不知师父何意，便跪地问师。道安说道，如果所有弟子都像你一样，我还用担心什么呢？可见其深受道安器重。慧远离开师父后，先至荆州，后安居庐山，至此三十载未出匡庐。而其德行隆盛南北，求法者"靡然从风，来归甚众"，从而形成著名的庐山教团，与鸠摩罗什在长安的学僧团体，一南一北，双峰并峙。

　　时东晋桓玄，裁汰沙门，而庐山教团以其教行高尚，不在

① 《高僧传·卷五》。

44

裁汰之列，可见慧远声望之高。虽如此，慧远作《沙门不敬王者论》，广论佛教辅助王化之功，并论教团独立之必要性，激扬雄辩，理渊文典，堪称佛学史上一大名著。

慧远的学问，让人印象深刻的还有他精通儒学，其中尤以《三礼》、《毛诗》学见长。著名儒者周续之、雷次宗皆师从慧远学习儒学经义。另外，他身在南朝，虽不像支道林那样广交名士，但自然也不免习于玄理，他出家前就善论《老》、《庄》。师从道安后，又因听讲《般若经》，豁然而悟。可知慧远于三教经典皆有造诣，融通贯彻，广有成效。这样的学风，对以后中国佛学的发展影响深远。

与其师一样，慧远也是一个佛教净土的信仰者，不过他信仰的主要是阿弥陀佛净土。以他为首，众人在庐山结莲社念佛，其中不乏有刘遗民、宗炳、雷次宗这样的知名士人。因此慧远也被后世净土宗认为是开本宗宗风的重要人物。

慧远虽三十年未越出庐山虎溪半步，但并非对天下之事充耳不闻。慧远晚年，罗什来华，建立译场，讲论经义，算是中国学术史上的一件大事了。慧远和罗什互相景仰，屡通书信，讨论义理，也算是佛学史上的一段佳话。

四、鸠摩罗什

鸠摩罗什本天竺人，其家世为相国，至其父鸠摩罗炎，则弃相位出家修道，东度葱岭，之龟兹国。龟兹国主见到罗炎后，知道是个贤者，非常仰慕，便请作国师，又强行把自己的妹妹耆婆嫁予他。耆婆就是罗什的母亲。后来耆婆也出家了，当时七岁的鸠摩罗什便跟随母亲一道出了家。后来他们母子一同游历了西域诸国。龟兹小乘佛学流行，重视戒律，罗什出家后先学习了小乘佛法，后到沙勒等国，接触到大乘经典，乃转信大乘。回到龟兹后，弘传大乘，成为名重西域的宗师。后来,其母预见龟兹国即将衰败,打算前往印度,便对罗什说:大乘佛法,广利众生,应该传到东土去,这需要靠你的力量,但这样做,对你自身而言并无一点好处,你要怎么办呢?罗什回答道:大丈夫,为利他而应该忘记自己的安危,为了佛法广被人间,开悟群蒙,即使经历苦难,亦无所恨。于是罗什便继续留在龟兹,等待自己的命运。

此时前秦苻坚已经称霸整个北中国,意图经营西域,又听说高僧罗什在龟兹,便派大将吕光,兵锋直指龟兹,要求献出罗什。国王不从,与吕光大战,兵败被杀。罗什也就被劫持到凉州,颇遭吕光欺辱。罗什怀忍辱之心,面不曾露异色。

吕光还未将罗什送到长安,苻坚就在淝水之战中大败,前秦土崩瓦解。吕光便在凉州自立。罗什被困凉州,无法东行,直至 17 年后,后秦姚兴即位,破当时凉主吕隆军,后凉归顺后秦,罗什才得以进入长安,其时罗什已近 60 岁了。

罗什在长安,终于得到了足够的人力和物力的资助,这使得他可以进行弘化事业,但却也并非完全顺利。根据记载,姚兴有一次心血来潮,认为像罗什这样的佛教大师,如果没有子嗣,实在是件可惜的事,于是就将十个舞女强行送予罗什,罗什无奈只得接受。这件事引起了很多人的轻慢之心,也有其他出家人想效仿罗什迎娶妻室。罗什便召集众僧,将满满的一碗钢针放在面前,然后当众将它们吞入腹中,却安然无恙。在众人的一片惊愕中,罗什说,谁要是能如我一样吞针,则可以如我一样蓄妻。众人终于没有敢效仿的,这件事才慢慢平息下去。我们不知道这个故事的真假(它被当作奇异之事,记录在《晋书》中),却能以此体会出罗什在长安传法的不易。

从佛教史角度看,罗什在长安的活动,给中国佛教的发展带来了极其巨大深远的影响。罗什精通梵语和西域诸国语言,对大小乘佛法又都有深刻的理解,其在长安建立译场,和已经卓有建树的中国义学僧合作,讲译结合,造就了一大批义学僧才。罗什道场所翻译的经典,从数量、精确度以及文辞优美流畅的程度上,都远超前代。今天仍然被佛教徒们每日念诵的很多经典,如《金刚经》、《法华经》、《维摩经》,虽然在罗什前后有着众多译本,但最受欢迎的通行本还是鸠摩罗什所译。罗什所翻译的《大智度论》,成为汉传佛教最主要的理论来源之一,也被誉为大乘佛教的百科全书,对中国最早成立的佛教宗派如三论宗、天台宗更是有着直接的影响。除此而外,他还翻译了如《中论》、《成实论》、《十住毗婆沙论》等对中国佛教学派形成非常重要的论著。他的翻译活动,无论从译文质量上还是译场制度上,都为中国后来的佛经翻译树立了典范。据载他对自己的佛经翻译相当自信,曾立下誓言:若我翻译的佛经符合佛陀的本意,我的舌头将在死后焚身时不坏。后来大师圆寂,例行火葬,果然舌头不烂。

罗什之学在中国的传播和发展,结束了中国佛教的“格义时代”①。大量佛典的翻译和高素质佛教义学人才的培养,使一套翻译准确、与佛教教义相匹配的汉语佛经术语得以使用和推广。这些术语的使用,标志着佛教中国化的进一步深入。就中国学术本身而言,这些术语,一方面丰富了汉语的词汇,另一方面拓展了中国人的思维方式。

鸠摩罗什的弟子僧叡、僧肇等,义学造诣不减其师,都是一代高僧,在我们专门讨论中国佛教义理的时候,将会专门介绍他们的成就,此时就先按下不表了。

---

① 《高僧传·竺法雅传》:“雅乃与竺法朗等,以经中事数拟配外书,为生解之例。谓之格义。”格义是佛教刚传入中国时,为帮助学人理解,借用中国学术已有的名词(主要是《老子》、《庄子》中已经有的用语)来翻译解释佛教概念的一种方法。此法一方面确实有助于佛教的普及和传播,另一方面因为人们已经对这些固有的名词有“前理解”,因此很容易对其所实际表示的佛教名相产生误解,从而对佛理的进一步加深研究产生障碍。

隋唐时代的宗风竞盛

一、隋唐之盛

中国佛学,经汉魏六朝之发展,至隋唐而臻于极盛。

南北朝时的分裂局面,使得以华北和东南为中心,修学风格迥异的两大佛教中心得以形成:北方质朴,以禅修念佛的实践为修行之本;南方灵动,受六朝玄风之影响以经解义学为尚。两方各有所长,然而若一味走向极端固步自封,又各有偏颇失当之处。到隋唐国家大一统局面形成之后,南北壁垒消除,学僧禅师互相参学,各地优势互相融合,上百年学术的积累,终于使中国佛学在此一时期大放光彩。智颉、吉藏、玄奘、慧能等一大批高僧大德,一步步将中国佛学思想推向发展的顶峰。隋唐佛教,一般以天台、三论、唯识、华严、净土、律、禅、密八宗为要。这些宗派与南北朝时由专门研究一经一论的专家组成的学派,如地论学派、摄论学派、涅槃学派等不同,他们大多综合各经,形成自己的一套修行和理论体系,又重视师承谱系,并拥有自己的专宗道场,是在佛学理论、修行体系、仪轨制度三个层面都形成自己独特风格的宗教团体。这些宗派的形成标志着中国佛教已经成熟,并可以独立地传承自己的信仰了。当然这并不意味着中国佛教成为了一个封闭的系统,之后不断有高僧西行求法,说明中国和佛教的源头印度还有着引人注目的思想互动。但不争的事实是,随着 8 世纪佛教在印度的衰落和消亡,中国此时已经成为世界范围内最重要的佛教文化中心了。

周叔迦在《大藏经百要序例》中论及读中国诸家论疏次
序时,有这样一段话,很值得玩味:

> 中土诸论首宜读台宗诸论。台宗者,犹五岳之有泰
> 山也。为王者报功之始,万物发生之初。东揖沧海,西
> 顾神州。台宗诸论,平易近人。而极至道之妙理,为学
> 者之津梁。次宜读律宗,以检束身心,为修行之基。教
> 譬如山,律如大地。登高者必自卑,无地则山何载。次
> 读三论宗,是犹五岳之有衡也。位处火乡,山称福地。
> 三论之学烧一切见,破一切执,以无得为究竟,真空为旨
> 归也。次读相宗①,是犹五岳之有嵩也,居国之中,为天
> 下镇。相宗之百法,摄一切教门,其果证入圆成实性。
> 次读贤首宗②,是犹五岳之有华也。为诸峰之尊,九山之
> 首,顺肃历之气,主成实之功。贤首依华严立观,其精言
> 奥义,如日丽中天,莫可思义,万实之成实,百法之总藏
> 也。次读禅宗,犹五岳之有恒也,万物之所伏藏,乾坤为
> 其顶足。禅宗直指人心,见性成佛,庶几近之。次读净
> 土,则犹西之昆仑,东之蓬莱群山之原,众仙之府。入其
> 地者,出入天国,飞行四海矣。

周叔迦这里虽然是在讨论读书的次第,但以山川五岳大
地比拟汉传佛教各宗特色,令人印象深刻,颇为精妙,对我们
加深了解各宗很有帮助。在下面的几节里,将为大家介绍几
个最具特色宗派形成和发展的过程,从某种角度讲,它们的
成长,是整个汉传佛教成长的缩影。

---

① 即唯识宗。
② 即华严宗。

二、从真谛到玄奘

大乘法相唯识学的发展，在中国源远流长。在印度，此学脱胎于阿毗达磨学说体系，在中国也有与之相应的学派——毗昙宗。[①] 与之同时，北朝有地论师，以研究印度唯识学大师世亲对《华严经·十地品》的著疏《十地经论》闻名，讨论阿赖耶识等唯识学中极为核心的问题。这两个学派奠定了法相唯识学在中国进一步传播的思想基础。待到梁大同十二年（公元 546 年），真谛法师来华，翻译出《摄大乘论》、《俱舍论》这样的重要经典，并着力弘扬其学说，形成摄论学派，这时法相唯识之学才在中国有了正宗而系统的传承。

真谛尽管成就巨大，但其在中国的生活并非一帆风顺。他本是南印度人，游历南海各国，至扶南（今柬埔寨）时，遇梁使，梁使推荐他来华。然而当他抵达广州（此时他已经 48 岁了），等待了两年之久，才找到机会去建业（南京）会晤梁武帝。本来打算在帝都译经，却又值侯景之乱。在乱局中，他先后居于江苏、浙江、江西各地，后又回到广东，大部分时间居无定所。真谛在各地辗转中，尤其是晚年在广州不断翻译的佛经，奠定了他大翻译家地位。据记载，当江南陈朝建立、日趋稳定时，他曾想再度北上金陵，却屡屡受人干涉，最终郁郁而终。

法相唯识学理论复杂精密，在印度弘扬该学的诸位大师，对其中一些问题的观点也不能达成一致，甚至如世亲，先学说一切有部学说，后受其兄影响用力法相之学，由之进入对唯识之研究，前后学说本身就有不能始终一致之处。因此在印度，法相唯识学各阶段学说变化非常明显，是一个典型的流变中的

---

① 阿毗达磨与毗昙是同一梵文词的音译，见第一章第二节注。

学问。真谛的传承，以早期唯识学说为主，受到陈那、安慧等论师的影响较大。

到了初唐，玄奘出国时，印度的唯识学已经经过好几代的发展了，新的学说和论著不断出现，和旧有的体系已经不完全相同。玄奘游学归来，两种唯识学传统的碰撞就不可避免。

因为《西游记》的缘故，玄奘大概是中国民间知名度最高的僧人了。虽然在历史上，他去往天竺的道路上并没有遇到各种妖魔鬼怪，但历经九九八十一难倒也算近似的描述。当时唐朝正和东突厥打仗，于是禁止臣民出境。玄奘不得不偷渡，又在西域的沙漠中迷了路，丢失了水源，几近丧生。在坚定意志和忠贞信仰的支持下，他度过一个个的难关。后来在西域诸多信奉佛教的国王尤其是高昌王的资助下，他终于到达印度。玄奘游经西域及其后来的印度"留学"生涯，被记录在他的《大唐西域记》中。借着这本书，我们能够较为生动详尽地了解当时中亚各国的风土人情、地理环境，甚至流传的故事传说（这些故事后来成为唐宋传奇和《西游记》的丰富"养料"）。

带着诸多在国内无法决断的佛学问题，玄奘在当时印度最重要的佛教高等学府那烂陀寺进行了长达五年的学习，受到当时印度宗师级的唯识学导师戒贤大论师的悉心指导。学成后，他离开那烂陀游历印度各地，增广见闻，并用梵文写作了数部有影响力的论著。他在印度游学生涯的顶点应该算是在曲女城的无遮大会，在印度当时最富有和强有力的国王戒日王的主持下，一场全国性的佛学讨论大会开场，据记载有七千多僧众外道聚集参加。会上玄奘立论，任大家讨论反驳，经过 18 天，竟然无人能提出异议，一时间，玄奘声震五印，成为公认的佛学大师。

在出发 17 年之后,玄奘重回故土,受到了唐太宗的热烈欢迎,皇帝和法师彻夜长谈。当然,和佛法比起来,一直着力经营西域的帝王更关心这位僧人探险家一路的所见所闻。在坚决拒绝了皇帝的政府官员任命后,玄奘在长安建立了规模庞大而且人才济济的译场,开始翻译经典并弘扬其从印度带来的新学说。

玄奘用其后半生翻译了百卷的《瑜伽师地论》,这部足以与《大智度论》相媲美的伟大论著,是法相唯识学思想的源头与总汇,对后来中国佛学影响甚为巨大。他重译了《俱舍论》以及与之相关的阿毗达磨诸论著,这些论著的梵文原本现在几乎失传,汉文成为了研究这一学说最重要的语言,其思想的保存,玄奘居功甚伟。在其生命的最后四年,他翻译完成了六百卷的皇皇巨著《大般若经》。更准确地讲,这是一套完整的般若学丛书,也是当今世界保存最完备的般若经藏。单是这一项无以伦比的成就,足以使玄奘成为人类历史上的文化巨人,更何况他给我们的遗产远远不止这些。《大般若经》的翻译工作,耗尽了这位伟人最后的精力,完成这项工作不久,他就去世了。

玄奘有很多卓越的弟子,其中最著名的当属窥基。他是一名合格的学者和天才的哲学家,玄奘的思想经由他整理和发挥流传于世。也是从他开始,中国的唯识学在充分吸收印度养料的基础上,开始走上自己的发展道路。

三、天台宗兴起

天台学和华严学是面对传入的纷繁复杂的印度思想,中国心灵所作出的最为伟大的回应和创造,在思想的深度和广度上,两家不逊色于任何一个印度的思想流派。而在将中国深邃的文化和外来文化融合并开拓出崭新而令人惊叹的思维奇观这一点上,其堪称无与伦比。两宗学说自创立之日起,就产生了极为深远的影响。从思想史上讲,它们深刻影响到后来的禅宗、宋明理学;就地域文化论,从与大陆隔海相望的东洋岛国到中亚广袤的游牧文明的领地,都曾受过它们思想的洗礼。

天台学被认为最早产生的中国佛教宗派,所以对后来各个宗派的发展起到典范作用。从思想来源上,天台学遥接龙树,因为天台宗可追溯的最早的中国祖师——生活在北齐统治下的慧文禅师,是在受到《大智度论》"三智①一心中得"和《中论》"三是偈"②思想的影响下创立其禅观体系的。据载,慧文大师禅观多用"觉心",这种禅法的具体情况我们不得而知,但从后来慧思和智者大师的禅学来看,这种禅法应该对我们本身的"觉知性"非常重视。

南岳慧思继承了慧文的思想,并加入了自己的修行体验。他特别重视《般若经》和《法华经》,据说分别用金字刻了这两部经,以使正法久住。其禅法用"随自意三昧",又经由《法华经》悟得"法华三昧",是当时卓有成就的大师。

慧思的弟子智颛,是天台宗实际的创始人。据说慧思初见智颛时非常高兴,说道:你我在佛陀时代,曾于灵鹫山同听佛陀宣说《法华经》,今日前缘再续,又见面了。在慧思的指导下,他念诵《法华经》时忽然有所悟入,亲见佛陀法华经会,俨然未散,从此便法意通透,辩才无碍了。

后来智颛到金陵弘法,广受南陈朝野上下尊崇,在国都

---

① 根据《大智度论》,三种智分别为:一切智,阿罗汉就可以获得的对关于世界普遍共相的真实了知的智慧;道种智,只有行菩萨道的人才可以逐渐悟入的关于世界万物殊相的真实认知;一切种智,同时了知共相和殊相的圆融无碍的佛智慧。慧文强调三种智慧皆在我们赖以成佛的一念心中得到。

② 《中论·观四谛品》:"因缘所生法,我说即是空,亦为是假名,亦是中道义。"其中包含"空、假、中"三个概念,被天台宗总结为三谛。

大开法筵,但他发现随自己
听法的人越来越多,有所领
悟的却越来越少,于是入天
台山隐居修行,功夫大进,思
想也趋于圆融,最终成为开
山立派的一代宗师。这些成
就,后来都收入以天台三大
部(《摩诃止观》、《法华玄
义》、《法华文句》)为核心的
一系列著作中,"一念三千"、
"一心三观"①的禅观也成为
本宗最重要的修行传统。

智顗像

　　智顗生逢陈、隋易代之
世,本来就是南陈功臣之后,
又是极有影响力的大德,自然引起了隋朝统治者的注意。晋
王杨广在江都总督江南时,对智顗百般拉拢,又施以种种限
制,而智顗为了保存僧团不得不和他周旋。这种和政府若即
若离的关系,一方面使得天台教团在乱世得以保存,但另一
方面,也影响到其弟子们后来的境遇。智顗在中国政教关系
史上的地位,是一个现在仍让许多历史学家们着迷的话题。

　　智顗死后,其生前的讲义和著作由弟子灌顶认真整理并
保存,生前一直想要建立的天台山国清寺也在皇室的支持下
建成。天台教团得以延续,中国历史上第一个宗派初具规
模了。

　　时至中唐,天台宗又出现了一位大师:湛然。他阐释并
发挥了智顗的思想,将天台宗带向了又一个思想高峰,并使

_____

①　具体内容参看第三章。

天台宗真正成为了一个影响久远的全国性宗派,同时远播东洋,改变了整个东亚的思想格局。

天台宗形成于南方,但从思想传承上讲,其实是融通南北禅法和经学思想的产物。天台宗高僧们在佛教义学和禅学上都取得了令人瞩目的成绩,正是南北思想融汇的结果。当然作为一个活着的传统,天台宗对中国佛教的贡献不只如此,在后面的相关章节我们还将与天台宗再次相遇。

四、华严宗兴盛

与天台并称的还有华严宗。从时间上看,其较天台和玄奘的唯识宗为晚,就起源和传播的地域看,也以北方为主,但其思想深邃,体系完备,再加上高僧辈出,代不乏人,随着时间的推移,逐渐成为具有国际影响并极富特色的大乘宗派。

与天台受益于中观思想不同,华严宗一开始就和唯识学尤其是地论学派有着密切的联系,不同在于,华严宗的创立者们并不过分局限在世亲学说的框架下,而将重点放在了对《华严经》本身的研究上。前后几代华严宗大师无论从禅法上还是思想学说上都有各自的特点,并不完全相同,但精通《华严经》,通过《华严经》来指导修行这一方针,却在他们的思想中一脉相承。

被追认为华严初祖的杜顺和尚据说是文殊菩萨的化身,《续高僧传》将他列在"感通篇",其中记载了很多关于他的不可思议的故事。不过更重要的是,他从《华严经》中发现深邃奥妙的观法,这些内容我们可以通过他最重要的弟子——被称为华严二祖的智俨的著作了解一二。现在留下的有关早期华严宗思想的主要文献大多出自智俨,他继承或者发挥了杜顺十玄门和六相的观法,在法藏大师真正将华严宗发扬光大之前,华严宗精妙的学说体系就已经形成了。

法藏号贤首大师(以他曾居贤首山得名,故华严宗又称贤首宗),他更加深入地阐述了乃师智俨的思想,更进一步地把《华严经》抬高到诸经之王的地位,并令人印象深刻地用《华严经》中本有的说法"海印三昧"来描述佛的境界——用更加常用的话说,便是"事事无碍"的境界。他还在杜顺的基础上,修改了"十玄门",提出了自己新的十玄门方案。

法藏和武则天的关系良好,并运用了很多卓有成效的方法让这位女政治家理解深奥的华严教理,比如通过对御案上的金狮镇纸进行分析,说明华严六相(总、别、同、异、成、坏)相即的道理。又比如在大殿周围摆上无数镜子,又在殿中心点一根蜡烛,让镜子既反射真实的烛光又互相反射另外镜子中呈现出的烛光(想象起来是颇为美轮美奂的场景)形成一张光网,来说明事事无碍的境界。

法藏和皇室的关系使得他有能力使华严宗后来居上,成为当时可以和唯识、天台鼎足而三的佛教大宗派。

法藏的徒孙澄观,被称为清凉国师,也是华严宗历史上重要的人物,他曾向很多禅宗大师求教,后又拜在天台宗湛然门下,所以他的思想已经有兼容并包的气度了。他以华严为骨干,吸收各家的思想成果,一方面使得华严思想丰满起来,另一方面又使得从法藏一路下来的传统多少变得有些模糊了。

到了澄观的弟子宗密大师那里,华严干脆和禅宗合流了。宗密在禅宗和华严宗的祖师谱系中都占有一席之地,对于禅教合一贡献颇大,是当时僧俗、朝野都极为敬重的大师,很多文人士大夫因为宗密大师的缘故对华严学颇为着迷,这也开辟了后来居士佛学的一个传统。大师死于武宗灭佛的前夕,算是逃过一劫,但他的离世也宣告了佛教最为辉煌的一个时代的结束。

变革时代的兴衰变迁

一、禅宗兴衰

禅宗初兴、发展乃至鼎盛的历史可以看作中国思想文化乃至社会经济"唐宋变革"的一个缩影，从菩提达摩入华，到禅门一花开五叶，再到临济、曹洞之盛，正好和中国由"中古"社会走入"近世"的历史时期相吻合。禅宗自身也不断"法门改转"，通过不断调试，将佛教教义以一种最富特色又最适应中国性格的方式保存至今。

菩提达摩，据《续高僧传》载，为南天竺人（根据《洛阳伽蓝记》，法师为波斯人），他从南越入南朝刘宋境，后北上至魏，传禅法于华夏。他传法给弟子慧可，并对他说，我看中国人的根性，唯四卷本《楞伽经》可以印心。慧可继承师训，以讲解《楞伽》为务，是为禅宗第二祖。这种教学风格，经三祖僧璨、四祖道信，一脉相承，因此禅宗的先祖们曾被称为"楞伽师"。及至道信的弟子弘忍开东山法门，宗风似有所不同，从弘忍的两个重要弟子神秀和慧能的事迹中可见一斑：神秀曾被武则天问及东山法门以何佛典为依据，神秀竟然答为《文殊师利般若经》，此经传"一行三昧"的般舟法门，由此可见神秀的修持源头。

至于慧能，闻人诵读《金刚般若经》而发心求法，而后又因听五祖讲《金刚般若经》而开悟的故事，非常具有传奇色彩，尽管根据现存的不同《坛经》传本，此事的情节有所出入，但它经过了近千年的流传，已经成为人们耳熟能详的经典故事了：

　　慧能祖上也曾是官宦，但到了他父亲那一代，已经没落。他家境贫困，早年丧父，以卖柴为生奉养孤母，一日听到一位客商念诵《金刚经》中"因无所住而生其心"一句，有所感悟，便在施主帮助下安顿了老母亲，然后去找五祖弘忍求法，被收留成为一名行者，为寺庙舂米。

　　当年老的五祖准备将衣钵传给下一代，令大家作佛偈以显示所学时，当时是首座而备受大家敬慕的神秀在寺院南廊壁上写道：

　　　　身是菩提树，　　心如明镜台；
　　　　时时勤拂拭，　　勿使惹尘埃。

尽管五祖对此不甚满意，但这首偈子所表现出来的脚踏实地的修行精神还是获得了弘忍的认可。但同样看到这些句子的慧能，则用更明显的方式表示了不满意，不识字的他请人代自己写了另一个偈子：

惠能像

　　　　菩提本无树，　　明镜亦非台；
　　　　本来无一物，　　何处惹尘埃。

另外一个版本的《坛经》（敦煌本）所记录的偈颂在第三句上稍有不同："本来无一物"，变成了"自性常清静"。很明显，前者更符合《金刚经》所代表的"般若学"的表述方式，而后者则更像"真常唯心系"佛教的义理表达。版本的不同，现在看来，也成为禅宗日后再一次"法门改转"的一个小小象征了。

　　五祖看过慧能的偈颂，知道他对佛法是得其门而入了，但知见仍不够精纯，于是以杖击碓三下，走了。慧能领悟到师父的意思，在夜里三鼓的时候，去了五祖的禅房，弘忍就《金刚经》给慧能做了特别的开示。听过老师的教导，慧能更加深入地领悟了佛法精髓，不禁惊叹道："何期自性，本自清净；何期自性，本不生灭；何期自性，本自具足；何期自性，本无动摇；何期自性，能生万法。"这几句话体现的是更加圆融透彻的佛学思想，表现出此时的慧能已经成为真正开悟的大师。于是五祖把衣钵传给了他，并送他南下，自此才有了后来繁盛一时、宗徒遍天下的南宗禅。

　　禅宗宗风，何以由《楞伽》转向《般若》，一直是大家颇为乐意讨论的问题，各种观点莫衷一是。有学者说此种变化从三祖道信便已经开始（吕澂先生持此说），有的则坚持从一开始禅宗就和般若思想及三论宗交涉极深，达摩虽然传《楞伽》，但宗风本就有根深蒂固的般若成分，所以谈不上后来法门改转（汤用彤）。无论如何，从史料上看，禅宗前期各代祖师，与天台、三论宗僧人交涉极多，而及至中唐以后的名家又多与华严宗亲近，可见禅宗虽然号称"教外别传"，但其宗师禅匠，无不是宗、教兼通的佛学大师，只是往往在接引方法上独树一帜罢了。

　　尽管在四祖道信之前，禅宗显得默默无闻，据说还屡遭恶论师的迫害，但经过几代高僧的努力，到初唐时，信众已经蔚为大观，并引起当时朝廷的注意了。不过禅宗的祖师们一直保持着在野的独立性格。唐太宗曾三次招道信上京，最后甚至以杀头相威胁，但道信始终不肯给皇帝面子，最后这件事也就不了了之。弘忍的上首弟子，那位写"身是菩提树"的神秀和尚，被武则天接到京师，坚持出家人不拜皇帝，反过来武则天还要拜他，一时间名动全国。据说他后来向则天皇帝推荐了自己的师弟六祖慧能,慧能照例对皇帝的诏令不理不睬。如果不考虑他们借以传心的大乘经典的思想内容,单就禅宗不依靠皇室供养、耕田自活的生存方式讲,禅宗可算是一直未改其宗风了。

禅宗对一切可依靠的"外物"都保持警惕,修行最重要的是靠自己内在的觉悟力量。将这种思路贯彻到底,禅宗终于连佛经和佛像都不再需要,处处是禅堂,当下即道场。这样的修行风格,使得禅宗越来越民间化、地方化。正是这些特点使禅宗不仅经受住了法难和战乱,还帮助其成为后来最成功的佛教宗派。

相较于那些依靠研习经典学问以获得修行方法、依赖有力外护以建立修行道场的"教下"①各宗而言,禅宗更适应唐末到五代这样的纷乱时代。随着经典的大量流失和皇室的日趋无力,盛唐辉煌一时的各个教派无论在教义上还是经济上都失去了坚实的基础,于是相继衰落了,唯有禅宗,凭借其蓬勃的生命力,在乱世中依旧不断发展。

待到宋朝建立,国家再次繁荣起来,"教下"各宗想要重新发展自己的时候,忽然发现,禅宗已经是枝繁叶茂遍布天下了。此后的几百年里,禅宗都将是中国佛教历史中的主角,使得汉传佛教有了不同以往的独特风格。

不过物极必反,禅宗蔑视印度经典,却通过编写宗谱和语录制造出了数量更多的经典,提倡直截了当的顿悟,则滋生了空疏难解的狂禅之风。到了晚明,它成为了饱受批评的对象,这已经是后话了。

① 禅宗将依靠研习经典教义以立宗的佛教宗派如天台、华严、唯识称作"教下"各宗,而自己以心传心,教外别传,以领会祖师心法宗旨为务,不依靠经典研究修行,直指人心,见性成佛,故自称"宗门"。

二、宋代佛教

赵宋是中国文化的成熟期，佛教的发展也体现在各个方面。宋代佛学虽然不如隋唐那么富于创造力，令人震撼，然而走向深沉绵密后，义理学和修行方法都较前代更有特色。各宗教团在宋代也有发展。随着五代乱世的结束，北宋政府保护佛教，僧人和寺庙数量不断增加，鼎盛时（真宗天禧五年，1021 年）据记载全国已有僧尼 46 万，寺院 4 万。国家同时建立起完整的管理僧伽的制度，南宋宁宗时管理江南禅宗寺庙的"五山十刹"制度成为了后代管理佛教寺院的重要制度源头。除此外，政府还组织译场，按照严格的程序翻译经典；组织佛经集结和刊刻，以宋太宗年号命名的《开宝藏》于公元 971 年在四川开雕，该藏成为我国现存最早的大藏经版本。

"融合"大概是两宋佛教发展最令人瞩目的特色，这种融合不仅表现在佛教各教派之间，还表现在佛教和中国其他的思想体系甚至风俗习惯之间。宋代的学者和宗教家们在这一点上做得颇为成功，使得佛教真正成为了中国佛教。

在义学方面，禅教合流最为引人注目。如前节所述，艰难度过法难和战乱的禅宗在教理上和群众基础上都占据了优势。经过五代的发展，以慧能为祖师的南宗禅，分别形成沩仰、云门、法眼、曹洞、临济五个派别，思想皆来自六祖，但宗风各有不同。它们遍布天下，信众颇多。但禅宗对研习佛经不够重视，反智化的倾向有所显露，这个问题引起了具有远见卓识的佛学家的重视，他们试图借助"教下"各宗的理论，为禅宗注入新的思想活力。其中成就最大的是永明延寿禅师（904—975），他精通华严、唯识，又是禅匠和净土修行者，其皇皇巨著《宗镜录》，思想气度磅礴，理致精密，以融合禅教为宗旨,开一代学风。

这一时期天台宗的复兴也是一件引人注目的大事。在吴越王钱弘俶的支持下,一大批在法难时零散海外的天台教典重新回国,许多优秀天台学僧投入了对这些经典的研究和争论中,形成山家和山外两派。这是一场持续了数代的理论和修行方法讨论,在这个过程中很多重要的佛学问题被提出并得到梳理,最终以四明知礼为核心的山家派取得了正统地位,奠定了天台宗宋代以后的教义基础。这场争论虽然由文献引起,但从更深的角度讲,由于山外派思想多受华严宗和《起信论》的影响,争论的产生其实也是由各宗思想融合产生的。这场大讨论展现了那个时代江南僧人的思想深度和活力。

另外,天台山外派僧人智圆(976—1022)和云门宗禅僧契嵩(1007—1072)的义学探索也值得重视。他们各自从不同的角度,试图融合儒学与佛学。智圆品德高洁,隐居西湖孤山,与"梅妻鹤子"处士林逋相友善,持"修身以儒,治心以释"之论。比他稍晚的契嵩则"儒以治世,佛以治心",与智圆异曲同工,并以"孝"为戒,以儒家五常会通佛教五戒。他们用佛学的哲思深化儒学,用儒学的伦理阐发佛学,思想融会贯通,理论条分缕析。这一特点也正好反映了那个时代的风尚。

这个时期佛教的另一个特点是学术化。佛教类书如《释氏要览》、《大宋僧史略》,丛书如《开宝藏》,体系完整严密的教史如《佛祖统纪》等,都成书于两宋。这些著作的刊刻,标志着佛学的体系化和完整化。诚然,这是在儒学学术体系的启发和影响下形成的,因此代表着另一个层面上的儒佛融合。

宋代的佛教还有仪式化和民间化的倾向。天台宗僧人创制了完备的忏悔仪轨。放生、施食、超度等各种佛事活动的轨则,随着这些活动在宋人中广泛流行而日益完善。这些仪轨若深究起来,受到民间道教的影响很大。从这个角度讲,这个时期佛道融合也是很值得我们注意的事。

佛教正是在这样的过程中,既完成着自己"化中国"的事业,也同时进行着自身的"中国化"。

三、元明清代的佛教

藏传佛教萨迦派高僧萨迦班智达和八思巴叔侄两人先后受到元朝统治者的礼遇,前者使西藏顺利归元,后者被奉为国师,并帮助蒙古人创制了实用的文字。这两位高僧都对中国政治和文化的发展做出了相当大的贡献,其后奉藏族僧人为国师成为元朝历任统治者的政治传统。元明时期,也是藏传佛教深入发展的时期,从教义到制度,都不断有高僧领导改革,尤其是格鲁派创始人宗喀巴大师(1357—1419)的教制与教理改革,更使得藏传佛教充满生命力。随着藏地政教一体的社会制度日渐完善,宗教文化日益繁荣,藏传佛教的影响力已经开始越出雪域向东传播了。这时印度佛教几乎销声匿迹,于是西藏取代印度成为后期大乘佛学的学术中心。

元代灭亡后,明代皇帝对藏传佛教的兴趣并未衰退,太祖和成祖对藏传佛教的礼遇很难不让人怀疑有政治目的,但毫无疑问,他们对佛教还是颇为虔诚的。成祖在京设立"番经厂"以翻译藏传经典,也为藏传佛教在汉地的发展提供了助力。据载,景泰帝则从个人角度信奉藏传佛教,并创制了封留居京城的喇嘛为法王的制度。但随着他在政治上的倒台,他的宗教政策也受到一定程度的反攻倒算。明代皇帝对藏传佛教的兴趣在正德年间发展到顶峰。武宗皇帝自封大庆法王,在宫中着喇嘛服装,用梵文和藏文念诵咒语并举行讲经会,在名声不太好的豹房中研习各种秘法。这些都被忿忿不平的汉族官僚们记录下来,当作正德年间政治昏暗的有力证据。我们很难说他们对富有"波西米亚"气质的明武宗没有偏见,但他们的观点还是对后来的政治产生了重大影响。即位的宪宗皇帝信奉道教,驱逐了很多在京的"番僧",藏传佛教在汉地的发展势头受到了遏制。尽管从明末到整个清代,武宗经常被当作皇帝的反面典型来看待,但在皇宫里举行深受皇帝喜爱的密教仪式的事情还是不断被记录下来。到了清代,皇帝信奉藏传佛教更加虔诚,藏族僧人称他们为"曼殊师利大皇帝",也为他们统治中原提供了更多合法性。乾隆皇帝著名的文章"喇嘛说"则表达了他加强管理藏传佛教的政治意图。

　　经历元末动乱后又在明清两代政府严苛的监管下,汉传佛教似乎毫无活力,例外是明神宗万历时期一直到清康熙前期。在政治上,这是一个从无政府到社会动荡再到新统治秩序建立的时期,这一时期也被很多学者称为"佛教复兴时期"。明末的江南经济发达,文化昌盛,汉传佛教界相继出现了一批有影响力的高僧,其中最著名的就是明末四大高僧:云栖祩宏(1535—1615)、紫柏真可(1543—1603)、憨山德清(1546—1623)、蕅益智旭(1599—1655)。他们都是净土信仰的支持者,同时在佛学上有自己独特的造诣,且对后世产生很大影响。比如祩宏对华严的研习影响了其后百年间华严学在居士间的流行,而智旭是使得天台宗得以延续法脉的一大功臣。总的来讲,这四位高僧在晚明文化史上地位显赫,总算给汉传佛教带来了一点活力。汉传佛教在明末清初的发展(至少在僧人数量上)还有一个重要原因是政治上的巨大动荡。1644 年国变后,很多汉族知识分子不愿与满族政府合作,纷纷"逃禅",也就是出家避世。这些被迫出家的人之中既有当时一流的知识分子如方以智(1611—1671?),又有躲避屠杀的明朝宗室如八大山人(1626—1705)和石涛(1642—?)。值得一提的是,他们的出家经历和佛学背景,给了他们学术和艺术上以巨大帮助。方以智语言学上的成就和研习华严字母密不可分。而但凡沉浸在八大山人和石涛所创造的梦幻般的艺术世界中的人,都不能不承认禅宗美学对他们的影响。还有一些佛学大师,如觉浪道盛,凭借其独特的思想体系和修行方法,堪称当时一流的禅师,不过他在历史上留名倒是更靠了他门下众多逃禅而来的弟子们。

清代前期和中叶的汉传佛教很少有引起我们兴趣的事件,让人印象深刻的是士大夫们对佛教的态度。与他们假想中的论敌——那些反佛却对佛教尤其是华严和禅宗相当熟稔的宋儒们不同,乾嘉时代很多学识渊博的汉学大师们尽管同样反感佛教但常常表现出对佛教令人惊讶的无知。在非汉学家群体中,我们倒看到了后来居士佛教兴起的伏笔,彭绍升(1740—1796)既是一位儒学学者,又是一位佛教徒,一直致力于汇通理学和佛学,他留下一部《居士传》,仿佛成了下一个时代佛教命运的序曲。

四、杨仁山与民国居士佛教

民国被认为是中国佛教复兴的时期。这一时期最引人注目的佛教事件是居士佛教的兴盛和人间佛教思潮的开展。尽管从明末开始,居士佛教就已经成为佛教发展史上引人注目的事件,明清两代,像钱谦益、彭绍升这样的著名居士对中国思想界产生了深远影响,但居士作为独立的佛学团体,开始自己的佛学研究与修行实践,甚至有凌驾僧团之上的豪言壮语,这样的现象到了民国才发展到引人注目的程度,所以民国无疑是居士佛教兴盛的关键时期。另外一方面，在僧团内部，新的佛学思潮也开始出现，作为对当时全球性的世俗化思潮的回应和反思，中国僧人提出"人生佛教"、"人间佛教"这样的概念，使得古老的中国佛学具有了新的理论探索的动力，开始了"现代化进程"。

居士佛教和人间佛教思潮的影响都延续至今，值得注意的是，它们两者都和一个人有着密切的关系，他就是被称为"中国近代佛教复兴第一人"的杨文会。杨文会，字仁山，出生于鸦片战争爆发前三年(1837)，去世于辛亥革命爆发的当年(他在武昌起义发生前两天即1911年8月7日去世)，所以算一个完全的清代人，然而却对民国的佛教复兴有着很大的影响。

杨文会的父亲是清朝的进士，和晚清实力派大臣曾国藩是同年，这层关系深刻地改变了杨文会的命运轨迹。不过这还不算最重要的。极富历史意义的事件，发生在杨文会一家因为父亲参加剿灭天平天国运动而由北京迁至杭州后的某一天。杨文会到西湖边散步，在一家书店中翻到一本《大乘起信论》，刚一翻阅就爱不释手，带回家后日日研读，从此走上研究和弘扬佛法的人生道路。

1866年杨文会在曾国藩那里谋得一个职位，在南京监督营建事物。至此，他也就一直定居南京了。在这期间，他和一群志同道合的朋友创办了金陵刻经处，这个到现在还存在着的机构，成为佛教复兴运动的起点。刻经处以刊刻佛经为主业，他们所刻的佛经以校勘严谨、质量上乘著称，一扫晚清佛教刊刻业的颓势。

1878年，对杨文会来说人生的一场新的旅行开始了。曾纪泽，清庭的驻英大使，邀请杨文会任伦敦公使参赞，使他获得机会深入了解到当时国力强盛、学术文化领域非常活跃的英国。在那里杨文会认识了被称为宗教学创始人的马克思·缪勒（Max Müller）以及他著名的日本学生南条文雄，通过与后者的交情，杨文会从日本购得了一大批在中国已经散佚的佛学著作。考虑到那个时代中国佛教研究的情况，这些古代佛教作品的重新回归对中国佛学研究的意义怎样高估也不过分，三论宗和唯识宗的复兴在很大程度上是建立在这批文献基础上的。就教义学而言，这些文献的价值怕是在敦煌文献之上呢！回国后，杨文会又结识了李提摩太（Timothy Richard），和他共同将《大乘起信论》翻译成西文。

杨文会一生事业中另一个令人瞩目的成就，表现在佛教教育方面，他在自己南京的家里办了一所对中国佛教影响深远的学校——祇桓精舍。这所学校刚成立时，教师大部分为居士，但由僧人谛闲任监学。这所学校培养出了很多弘法人才，太虚便是其中之一。这一师一生，以及此时在金陵刻经处充当杨文会助手的欧阳渐，都是民国佛教史上举足轻重的人物。

我们先从欧阳渐谈起吧，他继承了杨文会的衣钵，同时也发展了杨文会的思想，成为民国居士佛教运动的枢纽性人物。

欧阳渐（1871—1943），字竟无，江西宜黄人，因而被称为"宜黄大师"，他20岁的时候考中秀才，经史百家言，天文数学，无所不阅。光绪二十年（1894）甲午战败，他有感于国势日颓，于是专攻陆、王心学，希望从中能找出经世治国的原理。后来他又受同乡桂伯华影响，开始阅读《大乘起信论》和《楞严经》。光绪三十年，他33岁时，在南京遇到杨仁山，受其影响，开始更加深入地研究佛学。三年后，他因为母亲逝世，哀恸不已，于是决心茹素断欲，皈心佛法，以求解脱。之后他东游日本，访求佛教遗典，结识章太炎、刘师培一班人，讨论学问,思想日渐成熟。宣统元年(1909 年),他 40 岁的时候,赴南京,在金陵刻经处帮助杨仁山校对经书,并跟随他学习唯识学。杨仁山去世后,他一力承担起金陵刻经处的发展之责。1922 年,在他的不断努力下,支那内学院成立,以培养佛学人才为主要责任,培养了一大批佛学功底深厚的居士学者。1931 年日寇侵华,他呼号拯救国难,"撰《夏声说》,所以振作民气者又无不至",发挥儒学,归心佛学,以学术振奋气节。1937 年抗战爆发后,他携内学院工作人员及重要的经书迁往四川江津,成立了支那内学院蜀院,潜心著述,以"师、悲、教、戒"为院训,不倦地刻经、讲学,直到 1943 年病逝于四川。

欧阳渐精通唯识,晚年又潜心于"涅槃学",同时致力于儒佛思想的汇通,可以说既是一个专精的佛学家,又是一个深刻的思想家。他的学术,为居士佛学后来的兴盛提供了一个范例。在他身上,我们既能看到深沉的文化思索,又能看到明显的近代科学主义的烙印。他是个坚定的唯识主义者,因为他更加笃定地相信杨文会的一个理念:只有唯识学才能够与现代的西方科学相适应。他藐视僧人,认为他们大多文化水平很差;他不屑于各种寺院佛事,指其为迷信。欧阳渐以及其领导的支那内学院是传统士大夫文化和近代科学主义的奇妙产物,他们只承认佛教中看起来理性的部分,工作努力的方向也是以严谨的学术态度研究佛学。直到今天还有很多学者继承了这种学风。然而,欧阳渐科学主义背后深沉的宗教家的悲悯精神却很少有人能够企及,具有深刻人文关怀的理性在其后代的簇拥者那里逐渐变成生硬的工具理性。

欧阳渐有很多杰出的弟子,知名者如吕澂、王恩洋等,后来都成为卓有建树的佛学家,深远影响了中国的居士佛教。

五、民国高僧与人间佛教

中国佛教的复兴时代，除了蓬勃开展的居士佛学运动，在佛教僧团内部也是高僧辈出。其中最为僧俗所热切敬仰的首推虚云和尚（1840—1959）了。虚云原籍湖南湘乡，出生于福建泉州，19 岁出家，120 岁圆寂。他生活在中国变革动荡的时代，也是佛教面临种种危机的时代，因此他经历了跌宕起伏的传奇人生。作为近代禅宗的代表人物，他一身承担禅宗曹洞、临济、云门、法眼、沩仰五枝法脉，宗教兼通，弘法不懈，是一代伟大的宗教家。

又如谛闲法师（1858—1932），他与欧阳渐、太虚大师相似，把自己事业的重点放在佛教教育上①，只不过他的思想和行为方式都是传统的。作为天台宗的大德，他于 1913 年在宁波观宗寺内创办的观宗学社，以研究天台教义和经典为主，同时也教授传统的儒学和西方数学，又将修行和教学相结合，颇有古风。谛闲与印光（1861—1940）、

虚云法影

① 这一时期，佛教团体自觉地创办学校，与抵制政府"庙产兴学"运动有关。晚清乃至民国不断有政府官员希望没收寺庙财产以办世俗学校。与历史上的诸多政权一样，宗教团体所拥有的民间财产，一直是令政府垂涎欲滴的肥肉，只不过这次他们找到了一个冠冕堂皇的理由，并且还得到很多"改革派"和有基督教背景的洋派文人在理论上的支持，梁启超甚至将此主张上溯到黄宗羲的《明夷待访录》。

圆瑛①(1878—1953)等有着深厚传统学养的僧人在民国的思想狂飙运动中代表了沉稳的保守力量,现在看来正是他们将中国佛教最值得敬重的东西保留下来,他们的坚持尽管艰辛,但很具意义。

民国还有很多德高威重的高僧大德,比如八指头陀敬安和尚(1851—1913),为法捐躯;弘一大师(1880—1942),一生弘扬律学;释大勇(1893—1929)和尚,入藏求法,沟通汉藏。他们共同为佛教的传承与发展贡献了自己的能量,成就了卓而不凡的一生。

与居士佛教兴盛同时,民国以降,中国佛教的另一个标志性思潮是"人间佛教运动"的展开。这就需要从太虚大师说起。

太虚(1890—1947),俗姓吕,浙江崇德县人,出生于浙江海宁长安镇,出生未满周岁,父亲就亡故了,4岁那年母亲改嫁,自此他就由外祖母抚养。光绪三十年(1904年),16岁的他在宁波天童寺受戒,从此开始他的读书修行生活。宣统元年(1909年),他到南京入杨仁山办的"祇桓精舍"就读,由杨仁山教授《楞严经》、苏曼殊教授英文,谛闲任监学,但只读了半年,祇桓精舍就因经费问题停办了。民国成立后他组织"佛教协进会",开始了他持续一生的佛教改革的努力。1914年他在普陀山闭关,期间广读经论,并完成了他著名的《整顿僧伽制度论》。1918年以后,他开始了自己的弘法事业,数年间遍历上海、杭州、武汉、北京、广州、长沙讲法,盛况空前。他在上海创办"觉社",并印行《觉社

---

① 圆瑛在学问上集传统佛学之大成,但在行为上,也有革新之举,他于1929年和太虚共同发起了中国佛教会,又是1953年成立的中国佛教协会的会长,但无论从性格上还是从主张上都比太虚温和得多。

丛刊》以发表自己的佛学观点，这份刊物在 1920 年改名为
《海潮音》，成为他宣传自己"人生佛教"思想的主要阵地。
在这之后，直到 1947 年逝世，太虚大师游化全国，并改革僧
制，希望一扫明清以降汉传佛教僧团的暮气。太虚也是个
不折不扣的现代派和世界主义者，他游历欧洲，眼界开阔，
胸怀大志，行事风格也雷厉风行，是很有人格魅力的僧人领
袖。他试图一举将中国旧有的佛教现代化并使其获得世界
性，但行为却有过急处，曾有和同伴一起进入金山寺，驱逐
其不满的旧住僧人的举动，简直就是僧人中的革命党了。
他创办武昌佛学院，重组了闽南佛学院，使得僧伽学校更具
现代教育机构的意味。

法华经册页

　　他的学生中不乏佛门龙象。法尊法师游学藏地，翻译经
典，成为近代藏传佛教在汉地传播的重要推动者。另一个弟
子印顺，游化宝岛台湾，数十年笔耕不辍，佛学造诣精深，是
和吕澂齐名的佛学大师，同时也是太虚大师"人生佛教"的有
力推动者。近年来，台湾"人间佛教"运动的蓬勃展开和印顺
法师也密不可分，在印顺几位颇具影响力的弟子的不断努力
下，"人间佛教运动"逐渐成为声势浩大的思潮，在其后的近
多半个世纪，最终成为中国佛教界的主流思潮。

　　人间佛教继承了太虚大师"人生佛教"的思想精髓,宣传佛教的"现世性"、"人间性",强调佛陀是在人间成就"佛果"的,正如太虚大师所说"人成即佛成"。因此,这种理念认为,佛教应该更具有入世精神和救世情怀,不能够再被认为只有在丧礼中才出现的、作为超度荐福仪式的"死者的宗教"。相反,真正的佛教是提倡世间行善、成就人格、解脱烦恼、获得觉悟的"生者的宗教"。人间佛教还着力凸显佛教的普世性:佛陀的教法不仅应该使中国人受益,更应该是全人类宝贵的思想财富。

　　人间佛教因为强调佛法具有世俗性,鼓励做好人世间的事情,因此也遭到一些人的批评,认为如此一来,佛教的超越性和宗教性被削弱了。其实人间佛教尽管强调"人间",但依旧是"佛教",它的超越性并没有因为强调世俗和人间生活的重要性被消解掉,而是以一种更有操作性、更具现实性的方式表达出来。通过佛教"人间"理念的展开,宗教的神圣超越性不再与人世相隔绝,因此也就能够更加切实有效地发挥其作用,化世导俗。人间佛教提倡者们的苦心,当然不是为了使佛教"世俗化",而是为了"化世俗"。其实,尽管"人间佛教"是一个很晚近才出现的词汇,但也是中国佛教思想传统的产物,中国佛教的特色之一就是强调佛法的"圆融无碍",圆融就不能将世俗排除在外;更进一步,唯有通过"世俗谛"才能更确切地领会"胜义谛",这与出自《法华经》的著名教义"世间一切治生产业,皆与实相不相违背",是一脉相承的。

原典选读

坛经·行由第一

时,大师至宝林①。韶州韦刺史②(名璩)与官僚入山请师,出于城中大梵寺讲堂,为众开缘说法。师升座次,刺史官僚三十余人,儒宗学士三十余人,僧尼道俗一千余人,同时作礼,愿闻法要。

大师告众曰:"善知识③! 菩提自性,本来清净,但用此心,直了成佛。善知识! 且听惠能行由,得法事意。惠能严父④,本贯范阳⑤,左降流于岭南,作新州⑥百姓。此身不幸,父又早亡。老母孤遗,移来南海,艰辛贫乏,于市卖柴。时,有一客买柴,使令送至客店;客收去,惠能得钱,却出门外,见一客诵经。惠能一闻经云言,心即开悟,遂问:'客诵何经?'客曰:'《金刚经》。'复问:'从何所来,持此经典?'客云:'我从蕲州黄梅县东禅寺来。其寺是五祖忍大师在彼主化,门人一千有余;我到彼中礼拜,听受此经。大师常劝僧俗,但持《金刚经》,即自见性,直了成佛。'惠能闻说,宿昔有缘,乃蒙一客,取银十两与惠能,令充老母衣粮,教便往黄梅参礼五祖。

---

① 宝林寺:在南华山,在今广东韶关市曲江区。
② 刺史:官名,设置于汉代,隋唐时刺史是府一级的地方长官,相当于清代的知府。
③ 《涅槃经》:"能教众生远离十恶,修行十善,谓之善知识。"《摩诃止观》将善知识分为三种:1.外护,指从外护持,使能安稳修道;2.同行,行动与共,相互策励;3.教授,指善巧说法。六祖称听众为善知识是在前两种意义上说的。
④ 《周易·家人》:"家人有严君焉,父母之谓也。"这里严父即是慧能对父亲的尊称。
⑤ 范阳:今北京地方。
⑥ 新州:广州新兴县,在肇庆南一百三十里。

"惠能安置母毕,即便辞违。不经三十余日,便至黄梅,礼拜五祖。祖问曰:'汝何方人? 欲求何物?'惠能对曰:'弟子是岭南新州百姓,远来礼师,惟求作佛,不求余物。'祖言:'汝是岭南人,又是獦獠①,若为堪作佛?'惠能曰:'人虽有南北,佛性本无南北;獦獠身与和尚不同,佛性有何差别?'五祖更欲与语,且见徒众总在左右,乃令随众作务。惠能曰:'惠能启和尚,弟子自心,常生智慧,不离自性,即是福田②。未审和尚教作何务?'祖云:'这獦獠根性大利! 汝更勿言,着槽厂去。'惠能退至后院,有一行者③,差惠能破柴踏碓。经八月余,祖一日忽见惠能曰:'吾思汝之见可用,恐有恶人害汝,遂不与汝言。汝知之否?'惠能曰:'弟子亦知师意,不敢行至堂前,令人不觉。'

"祖一日唤诸门人总来:'吾向汝说,世人生死事大,汝等终日只求福田,不求出离生死苦海;自性若迷,福何可救? 汝等各去,自看智慧,取自本心般若之性,各作一偈,来呈吾看。若悟大意,付汝衣法,为第六代祖。火急速去,不得迟滞,思量即不中用;见性之人,言下须见。若如此者,轮刀上阵,亦得见之。'众得处分,退而递相谓曰:'我等众人,不须澄心用意作偈,将呈和尚,有何所益? 神秀上座④,现为教授师,必是他得。我辈谩作偈颂,枉用心力。'余人闻语,总皆息心,咸言:'我等已后依止秀师,何烦作偈?'神秀思惟:'诸人不呈偈者,为我与他为教授师;我须作偈,将呈和尚,若不呈偈,和尚如何知我心中见解深浅? 我呈偈意,求法即善,觅祖即恶,却

---

① 獦:兽名,一说为短喙犬。獠:古代西南少数民族的蔑称。
② 《无量寿经净影疏》:"生世善福,如田生物,故云福田。"为寺庙做事,是一种布施,能够为自己积累福报,所以如同种福田。而惠能认为智慧从自心中生,自身觉悟的本性才是真正福田,故之后有"教作何务"之问。
③ 行者:未正式剃度,而为寺庙服务的带发修行者。
④ 上座:僧寺中的职位,在住持之下,负责领导僧众。

同凡心，夺其圣位奚别？若不呈偈，终不得法。大难！大难！'

"五祖堂前，有步廊三间，拟请供奉①卢珍，画楞伽经变相，及五祖血脉图，流传供养。神秀作偈成已，数度欲呈，行至堂前，心中恍惚，遍身汗流，拟呈不得；前后经四日，一十三度呈偈不得。秀乃思惟：'不如向廊下书着，从他和尚看见，忽若道好，即出礼拜，云是秀作；若道不堪，枉向山中数年，受人礼拜，更修何道？'是夜三更，不使人知，自执灯，书偈于南廊壁间，呈心所见。偈曰：

> 身是菩提树，　　心如明镜台；
> 时时勤拂拭，　　勿使惹尘埃。

"秀书偈了，便却归房，人总不知。秀复思惟：'五祖明日见偈欢喜，即我与法有缘；若言不堪，自是我迷，宿业②障重，不合得法。'圣意难测，房中思想，坐卧不安，直至五更。祖已知神秀入门未得，不见自性。

"天明，祖唤卢供奉来，向南廊壁间，绘画图相，忽见其偈，报言：'供奉却不用画，劳尔远来。经云："凡所有相，皆是虚妄。"但留此偈，与人诵持。依此偈修，免堕恶道；依此偈修，有大利益。'令门人炷香礼敬，尽诵此偈，即得见性。门人诵偈，皆叹善哉。

"祖，三更唤秀入堂，问曰：'偈是汝作否？'秀言：'实是秀作，不敢妄求祖位，望和尚慈悲，看弟子有少智慧否？'祖曰：'汝作此偈，未见本性，只到门外，未入门内。如此见解，觅无

---

① 供奉：唐代官名，为宫廷招侍。此处卢珍应曾以绘画技能为皇室服务过。
② 宿业：前世所造的业。业，用于翻译梵文 Karma，指一切善恶行为。

上菩提①，了不可得；无上菩提，须得言下识自本心，见自本性不生不灭；于一切时中，念念自见万法无滞，一真一切真，万境自如如。如如之心，即是真实。若如是见，即是无上菩提之自性也。汝且去，一两日思惟，更作一偈，将来吾看；汝偈若入得门，付汝衣法。'神秀作礼而出。又经数日，作偈不成，心中恍惚，神思不安，犹如梦中，行坐不乐。

　　"复两日，有一童子于碓坊过，唱诵其偈；惠能一闻，便知此偈未见本性，虽未蒙教授，早识大意。遂问童子曰：'诵者何偈？'童子曰：'尔这獦獠不知，大师言："世人生死事大，欲得传付衣法，令门人作偈来看。若悟大意，即付衣法为第六祖。"神秀上座，于南廊壁上，书无相偈，大师令人皆诵，依此偈修，免堕恶道；依此偈修，有大利益。'惠能曰：'上人！我此踏碓，八个余月，未曾行到堂前。望上人引至偈前礼拜。'童子引至偈前礼拜，惠能曰：'惠能不识字，请上人为读。'时，有江州别驾②，姓张名日用，便高声读。惠能闻已，遂言：'亦有一偈，望别驾为书。'别驾言：'汝亦作偈？其事希有。'惠能向别驾言：'欲学无上菩提，不得轻于初学。下下人有上上智，上上人有没意智。若轻人，即有无量无边罪。'别驾言：'汝但诵偈，吾为汝书。汝若得法，先须度吾。勿忘此言。'惠能偈曰：

菩提本无树，　　明镜亦非台；

本来无一物，　　何处惹尘埃？

　　"书此偈已，徒众总惊，无不嗟讶，各相谓言：'奇哉！不

---

① 菩提：梵文 buddhi，觉悟。
② 江州：今湖北、江西地方。别驾：官名，州刺史的佐吏，如同今天的秘书。

76

得以貌取人,何得多时,使他肉身菩萨。'祖见众人惊怪,恐人损害,遂将鞋擦了偈,曰:'亦未见性。'众以为然。

"次日,祖潜至碓坊,见能腰石舂米,语曰:'求道之人,为法忘躯,当如是乎!'乃问曰:'米熟也未?'惠能曰:'米熟久矣,犹欠筛在。'祖以杖击碓三下而去。惠能即会祖意,三鼓入室;祖以袈裟遮围,不令人见,为说《金刚经》。至'应无所住而生其心',惠能言下大悟,一切万法,不离自性。遂启祖言:'何期自性,本自清净;何期自性,本不生灭;何期自性,本自具足;何期自性,本无动摇;何期自性,能生万法。'祖知悟本性,谓惠能曰:'不识本心,学法无益;若识自本心,见自本性,即名丈夫、天人师、佛。'三更受法,人尽不知,便传顿教及衣钵,云:'汝为第六代祖,善自护念,广度有情,流布将来,无令断绝。听吾偈曰:

有情来下种, 　　 因地果还生;

无情既无种, 　　 无性亦无生。

"祖复曰:'昔达摩大师,初来此土,人未之信,故传此衣,以为信体,代代相承;法则以心传心,皆令自悟自解。自古,佛佛惟传本体,师师密付本心;衣为争端,止汝勿传。若传此衣,命如悬丝。汝须速去,恐人害汝。'惠能启曰:'向甚处去?'祖云:'逢怀则止,遇会则藏。'惠能三更领得衣钵,云:'能本是南中人,素不知此山路,如何出得江口?'五祖言:'汝不须忧,吾自送汝。'祖相送,直至九江驿。祖令上船,五祖把橹自摇。惠能言:'请和尚坐。弟子合摇橹。'祖云:'合是吾渡汝。'惠能云:'迷时师度,悟了自度;度名虽一,用处不同。惠能生在边方,语音不正,蒙师传法,今已得悟,只合自性自度。'祖云:'如是,如是! 以后佛法,由汝大行。汝去三年,吾

方逝世。汝今好去,努力向南。不宜速说,佛法难起。'

"惠能辞违祖已,发足南行。两月中间,至大庾岭①(五祖归,数日不上堂。众疑,诣问曰:'和尚少病少恼否?'曰:'病即无。衣法已南矣。'问:'谁人传授?'曰:'能者得之。'众乃知焉)。逐后数百人来,欲夺衣钵。一僧俗姓陈,名惠明,先是四品将军,性行麤慥,极意参寻。为众人先,趁及惠能。惠能掷下衣钵于石上,云:'此衣表信,可力争耶?'能隐草莽中。惠明至,提掇不动,乃唤云:'行者!行者!我为法来,不为衣来。'惠能遂出,坐盘石上。惠明作礼云:'望行者为我说法。'惠能云:'汝既为法而来,可屏息诸缘,勿生一念。吾为汝说。'明良久。惠能云:'不思善,不思恶,正与么时,那个是明上座本来面目?'惠明言下大悟。复问云:'上来密语密意外,还更有密意否?'惠能云:'与汝说者,即非密也。汝若返照,密在汝边。'明曰:'惠明虽在黄梅,实未省自己面目。今蒙指示,如人饮水,冷暖自知。今行者即惠明师也。'惠能曰:'汝若如是,吾与汝同师黄梅,善自护持。'明又问:'惠明今后向甚处去?'惠能曰:'逢袁则止,遇蒙则居。'明礼辞(明回至岭下,谓趁众曰:'向陟崔嵬,竟无踪迹,当别道寻之。'趁众咸以为然。惠明后改道明,避师上字)。

"惠能后至曹溪②,又被恶人寻逐。乃于四会③,避难猎人队中,凡经一十五载,时与猎人随宜说法。猎人常令守网,每见生命,尽放之。每至饭时,以菜寄煮肉锅。或问,则对曰:'但吃肉边菜。'

"一日思惟:'时当弘法,不可终遁。'遂出至广州法性寺,值印宗法师讲《涅盘经》。时有风吹幡动,一僧曰:'风动。'一

---

① 大庾岭:在今江西广东交界。
② 曹溪:在广东韶山市曲江区,在原县址东南五十里。
③ 四会:今肇庆市所辖县级市。

僧曰：'幡动。'议论不已。惠能进曰：'不是风动，不是幡动，仁者心动。'一众骇然。印宗延至上席，征诘奥义。见惠能言简理当，不由文字，宗云：'行者定非常人。久闻黄梅衣法南来，莫是行者否？'惠能曰：'不敢。'宗于是作礼，告请传来衣钵出示大众。宗复问曰：'黄梅付嘱，如何指授？'惠能曰：'指授即无；惟论见性，不论禅定解脱。'宗曰：'何不论禅定解脱？'能曰：'为是二法，不是佛法。佛法是不二之法。'宗又问：'如何是佛法不二之法？'惠能曰：'法师讲《涅槃经》，明佛性，是佛法不二之法。如高贵德王菩萨白佛言："犯四重禁①、作五逆罪②，及一阐提③等，当断善根佛性否？"佛言："善根有二：一者常，二者无常，佛性非常非无常，是故不断，名为不二。一者善，二者不善，佛性非善非不善，是名不二。蕴之与界，凡夫见二，智者了达其性无二，无二之性即是佛性。"'印宗闻说，欢喜合掌，言：'某甲讲经，犹如瓦砾；仁者论义，犹如真金。'于是为惠能剃发，愿事为师。惠能遂于菩提树下，开东山法门。

"惠能于东山得法，辛苦受尽，命似悬丝。今日得与使君④、官僚、僧尼、道俗同此一会，莫非累劫⑤之缘，亦是过去生中供养诸佛，同种善根，方始得闻如上顿教得法之因。教是先圣所传，不是惠能自智。愿闻先圣教者，各令净心，闻了各自除疑，如先代圣人无别。"

一众闻法，欢喜作礼而退。

---

① 四重禁：也称四重罪、四波罗夷：一、淫；二、盗；三、杀人；四、大妄语。
② 五逆罪：能使人堕落地狱的五种大罪：杀父、杀母、害阿罗汉、斗乱众僧及起恶意于如来所。
③ 一阐提：icchantika，因为不信佛法，不具信根，而难以成佛之人。
④ 使君：古代对刺史的尊称。
⑤ 劫：Kalpa，分别时节之意，一般指很长的一个时间段，世界经历成、住、坏、空一个循环称为一个"成坏劫"。佛教有很多种劫，时间长短不一。

佛教中国化：从思想到经典

　　中国被称为佛教的第二故乡，不仅仅因为在所谓的"古典时代"，佛教在中国流传广泛，还在于其深刻地参与塑造了中国文化的样态，在学术、思想等各领域取得独特的成就。佛教并在此过程中完成了其"中国化"，形成了一方面不离佛陀本怀，另一方面，具有特色的"中国佛教"。

从般若到佛性：中国佛学义理管窥

一、般若

无论从历史上还是从教义上讲，"般若"这个概念都是中国佛学最核心的概念之一。以它为主题的佛经翻译可以追溯到汉末，而也正是从那时开始，般若思想和中国固有的思想交汇融合，铸就了被后世称为"玄学时代"的思想史黄金时期。

就"般若"在印度佛教中的本意而言，它代指能够认识世界真相的智慧。不过使用"智慧"这个中文字眼不可避免会造成一定程度的误解，因为我们太容易因此把般若理解成主观性的东西，然而事实上，般若是超越"主客二分"思维模式的。这正是僧肇在他卓越的思想论著《般若无知论》中一再试图向我们表明的。

《大智度论》中对般若的一种解释方法,可以帮助我们理解这个问题。《大智度论》将般若分为三种:实相般若、观照般若、文字般若。

"实相般若"是指世界存在的真实面貌,无论所谓的主观之物还是客观之物,都在世界中,所以实相既包括主观之物的真实面貌也包括客观之物的真实面貌。不过,这样表达虽然更容易理解却存在着很大的问题,因为根据般若思想,主客二分并不是世界存在的真相,当我们体认到主观和客观本来浑然统一时,一切因为追寻外物而得不到满足的烦恼就会平息,从而通向"涅槃"——完美极乐的境界,所以般若和涅槃是一体两面的。

"观照般若"更接近智慧这个词的中文含义,它暗示我们拥有体察世界真理的能力。通过观察和练习——用佛教术语说,通过闻、思、修的方法,我们从糊涂无知的状态中觉醒,获得认知真理的智慧。拥有观照般若,我们所见无他物,唯有世界的真相。

"文字般若"是指能够让我们获得智慧的名言文字,也就是佛的经教。更广泛地说,它也包含一切可以帮助我们获得觉悟的手段,包括佛教的所有法门。

如此看来"般若"实在是个内涵广泛的概念,但丰富的含义并非被凌乱地整合在一起,它们共同指向佛陀宣说的世界真相:空。很久以来,"空"这个概念被消极地理解着,因为"空"这个中文字眼太容易让人把它和"虚空"、"空无一物"这些观念联系起来。然而在印度佛学传统中,梵文Śunyatā(空)和svabhāva(自性)成对使用,后者实际上是由两个词组合而成的:"sva"可以理解为自我、自身;而bhāva来自于动词

bhu,是梵文中的"系动词 be",表示存在或"是"。如此看来，svabhāva 是指自我存在的意思，说得更明确一点，就是描述某物是不依赖他者、不需要条件而独自存有的。而被翻译成"空"的 Sunyatā 这个词，在很多哲学文献里，特指 svabhāva 的相反概念。万法皆空，意思是世界上没有任何一样东西是 svabhāva，所以"空"和"什么也没有"这样的观念并不是一回事，它只是在表述万物的真实存在状态而已。

关于般若和空（无）的思考，在中国的传统学者那里，最初被当作对老子和庄子思想的精妙注释。之前提到的支道林在这方面做得很成功，他的"即色游玄论"，被认为是那个时代最高妙的思想之一。今天我们已经无法知晓其思想的全貌，从留下的只言片语来看，他分析了色（物质）和空（物质存在方式）相即不二的关系。

与支道林同时，还流行着各种对般若之空的理解，比如认为"无"是现象之本质的"本无宗"；认为"无"只是强调心无所得，并不涉及外物性质的"心无宗"；强调"无"是指万物都是条件聚合形成并无实质之意的"缘会宗"等等。这些讨论被后来的佛教学者们总结成般若学"六家七宗"，他们对"般若"所观照到的"空性"都有一定程度的了解，但都并不全面。对般若的讨论，涉及释道安、支道林，以及稍后的罗什、僧肇等当时第一流的佛学家，可以说是中国佛学史上第一个思想高峰。

二、佛性

《涅槃经》的传译，使中国佛学的教义讨论在般若学之后进入了一个新境地，其中"佛性"是这场讨论的核心概念。在中国佛教史上最为人所津津乐道的故事之一，是生公讲法。六卷《泥洹经》(《涅槃经》的同本异译)较全本的《涅槃经》更早被翻译成汉语,其中有"众生皆有佛性,除一阐提"这样的话,时人皆以一阐提(即所谓断灭善根者)不可成佛为正论。而道生精研经义,得出"一阐提有佛性"之论。教界以为邪说,将之逐出僧团。生公不服,于苏州虎丘对岩石说其法义,以至顽石点头称是。这块传说中的岩石,至今还在苏州虎丘供人追思呢!后来全本《涅槃经》译本从北方传来,果然有一阐提有佛性之语。众人至此皆佩服生公之哲睿,于是对道生有东土"涅槃圣"之称。

佛性是《涅槃经》最着力讨论的问题之一,反复譬喻,着墨良多。随着中国僧人对此经的重视,"佛性"也越来越在中国佛学中成为显要论题。根据初唐的文献记载,南北朝时代,关于"佛性是指什么"就有十三家之说。其中较有影响力的说法有:道生所持佛性为"当果"(修行后当来的佛果位),昙无谶所言"中道真如"为佛性,释法瑶持"众生成佛之理"为佛性,还有成实论师光宅寺法云认为"避苦求乐"为佛性体,梁武帝以"真神"为佛性,地论师以"第八阿赖耶识"为佛性,摄论师以"第九阿摩罗(无垢)识"为佛性等等,不一而足。

南北朝时,关于佛性的性质又有"本有"、"始有"之争。本来大多数的义学家承认佛性本来就在具足烦恼的众生心中存在,这也是《法华经》一再强调的。而对佛性内涵不同的理解却导致了本有和始有之争:如果将佛性理解成被烦恼所"缠缚"的清净真如,那么"能够成佛之性质——佛性"代表未来的可能性,因此当然是众生本来就有的;但如果把佛性理解成获得佛果位之后清净污垢的性状或境界,此时还在烦恼中的众生当然没有,故不妨说佛性是始有。如此可知,这样的讨论还是建立在对佛性不同的理解上的。

隋唐佛教义学大盛,各宗之说并起,纷纷形成自己的学说体系。佛性问题依然是倍受关注的话题。其中最值得注意的是"无情有性"。无情指没有情识的物理世界之物,如桌椅草木等;性则指佛性。南北朝一些佛教论师将真如分两端而论,在有情为佛性,在无情为法性。而嘉祥吉藏论《涅槃经》时就提出草木皆有佛性之说,并未拘泥这种二分法,而是以中道实相贯通有情无情,使两者重新在真如中得到统一。

此说后为华严宗义学家所批判,该宗以有情有成佛觉悟之可能性以及具足佛果体性为佛性,以可修可成的众生为视野的起点,重新强调佛性和法性的区别。

而中唐时天台宗的中兴之祖湛然,再次反对此说,提出更为精致通透的学说"无情有性"(此处之性非法性而特指佛性),将关于佛性的讨论推向高潮。湛然的理论立足点在于,在究竟层面上,有情和无情的区分是不存在的。他们两者都是空性,同时根据《涅槃经》的"法身遍满"义,它们又都是佛觉性之体现。一方面,对于觉悟者佛来讲,并无物我之分,也就没有必要有佛性和法性的区别。另一方面,在佛的境界上,觉知力无所不在,因为已经破除无明,所以根本不存在凡夫未成佛之时对物理世界有不知觉的状况。换句话说,无一物在佛外。因此无情有佛性。而"法性"这个词在究竟意义上也就没有必要使用,或者说"法性"就是"佛性"。

三论宗的吉藏从理上,而天台宗的湛然从佛果位的角度,肯定了无情有佛性说。而华严宗则是从未成佛时因位上强调佛性和法性、有情和无情的差别。各家只是视角不同,本来没有势不两立的矛盾存在。不过这样的讨论,使问题越来越深入,思维越来越缜密,在中国哲学和思想史上,还是非常有意义的。

三、判教

佛教经典浩繁,法门众多。这一特点,一方面有利于佛教因材施教,另一方面,却为阅读经论、研究教义的学者带来困难,因为经典前后的语言都有不相符合甚至矛盾之处。教外学者,以此来批评佛教。中立的文献学家则以此来判断佛教文献绝非出自佛陀一人之口。此等问题,佛学家们采取了用现在的概念可称为"诠释学"的解决方法,即把不同的教义内容所宣说的情景和所要教化对象的不同揭示出来,并将这些看似矛盾的教理组织入一个次序井然的教学体系中。如同一个研究量子力学或相对论的物理学家自然知道牛顿的物理学体系是不完美的,但并未因此否定对于一个刚接触物理学的中学生来说,三大力学定律的重要性。对于初学者和程度不够的人,最完整的佛法需要按阶段慢慢教授,这样就形成了很多可以被称为"初级教材"的佛经。判教,最简单明确地讲就是这样的工作:将这些"初级教材"和"高级教材"加以区分,按"年级"排列,然后说明之间的联系,消除诸经论记录中表面的矛盾并提出佛法教学大纲。

在被认为较早的经典里,就有"了义"和"不了义"经文之分,算是最基本的判教模型。后来在《法华经》、《解深密经》、《涅槃经》等大乘经典中,我们看到了更加精致明确的"判分诸教"的内容。佛教东传,传统不同而且传承不明确的各类经典同时来华,教义之间的不调和之处看起来非常明显。汉地的高僧们便按照上述几部佛经所述的原则进行了艰苦却卓有成效的整理工作,形成了极富特色的汉传佛教判教传统。①

汉地的判教最初盛行于南北朝时期,当时的文献记载有"南三北七"(南方三种不同判教方式,而北方则有七种之多)

---

① 这样的工作,藏族佛学家们也在进行,后来则以《宗义书》的形式发表其成果。

之说。这些判教理论成为隋唐各宗的学说源头和理论框架。

最早成熟并对后世影响深远的判教体系出自天台智者大师智颛。经过其后来弟子不断地解释和补充,天台宗"五时八教"的判教传统终于确立。"五时"结合《华严经》日出先照高山再照幽谷然后平原的比喻,以及《涅槃经》以牛乳、生酥、熟酥、乳酪、醍醐提炼过程的比喻,将佛法分为第一华严时(佛陀此时在海印三昧中宣讲最高的华严教法)、第二小乘时(佛讲小乘三藏经典)、第三方等时(佛讲破斥小乘,并令其转向大乘的教法)、第四般若时(佛教般若法门),以及最终的法华涅槃时(佛讲三根普被的究竟实相法门)。"八教"则分为以讲说内容深度区分的藏、通、别、圆"化法四教",以及按说教方法区分的渐、顿、不定、秘密"化仪四教"。天台宗将其时代几乎所有的佛教教义和修行体系整合入一个宏伟的解释体系中,内部复杂精密,外部完整和谐。这项浩瀚宏大的思想工程,在整个人类的宗教思想史上,都可以算作令人瞩目的成就,无论如何算是中国佛学家们令人敬佩的贡献。

与之同时,相当卓越的学说还有三论宗吉藏大师的判教理论。吉藏对体系化的思想一直抱有审慎的怀疑态度,他继承了鸠摩罗什学派的学说,应用《维摩诘经》"佛以一音演说法,众生随类各得解"的观念强调"判教"并不是为了区分教义高下,而是在于说明:对于不同情况的教化对象,适合的就是最好的。如此看来,吉藏是颇具"现代性"的判教原则的提倡者。在这样的思想下,他将不同的教法进行了区分。与天台宗不同,吉藏并不强调不同教义之间的"阶梯性",更像在做单纯的类型区分。稍微具体讲,他将佛陀的教法分成声闻藏和菩萨藏两类,分别引导两类众生获得成就。在另一些文献中,他又将佛教分成根本法轮、支末法轮和摄末归本法轮。他运用"旁""正""显""密"等概念强调各类教义的教化对象不同,或采用的言说方式不同。但无论如何,吉藏依旧强调各个教法之间的平等性。

华严宗也有其著名的判教理论:"五教十宗"。在天台宗的基础上,华严以后来者的优势,对流行在中国的各学说给以更加细致的区分,在"十宗"中将并不受重视的小乘三藏教义也做了细致的区分判别,然后将所有教法归入"小(小乘教)、始(大乘始教)、终(大乘终教)、顿、圆"五个范畴。这种判分使佛教教法体系更加统一。不仅如此,在后来的华严高僧宗密那里,还更加明确地在小乘教之前加入人天教,将佛陀讨论世俗问题经典也并入其体系;而在人天教之前,儒家和道教的理论,也试图安排给合适的位置,以期对当时所知的整个人类思想加以总结。这样的气魄不可谓不宏大。华严取消了天台教法内容和教法形式的区分,一方面看似更加统一完善,另一方面也不可避免地引起了一些理解上的混乱。不过作为一种理论,在整合佛法、形成完整的佛教观念方面,华严宗的成就是无比巨大的。

四、禅观

民国佛学大师太虚总结中国佛教特点的时候,说汉传佛教的特质在"禅"。禅是梵文 Dhyāna 的音译,意译的话是静虑,或者用更直白的话讲,就是"冥想",是佛教传统的"六度"之一。很多学者将它理解成印度教"瑜伽"(yoga)概念的佛教对应物,不过无论从内容上还是形式上,两者都存在着明显的差别。与禅相联系的还有 Samatha-vipasyana,这对概念有时被音译成"奢摩他"和"毗钵舍那",有时被意译成"止"和"观"这两个带有浓重中国传统印记的词,后者很容易让人想到《大学》里家喻户晓的名句:"知止而后定,定而后能静,静而后能安,安而后能虑,虑而后能得。"事实上,这句中国土生土长的箴言，相当准确地诠释了"止观"所包含的意思。

在不同的梵文文献中，Dhyāna 和 Samatha-vipasyana 有着复杂的联系和区别。有时候它们被当成不同的两个或三个修行阶段性成果的名称，有时又被当成不同的修行法门，而在另一些情况下，它们又被认为互相包含，甚至可以互换。

在中国，情况同样复杂。在流行的经典中，《圆觉经》对"禅那"和"奢摩他"有着明显的区分，并且总结出三种不同法门（另一种是和奢摩他有相似词根的三摩钵提 Samapatti）。这构成了唐以后佛教对"禅定"、"止观"两者的常见理解。然而在很多情况下它们还是被混用，或者只在宗派意义上被加以区分。

佛教重视内证，修行的目的和教义的神圣性皆来源于内在的觉悟，所以尽管禅定和止观这样的词来源和关系复杂，但依旧不妨碍它们成为中国佛学中最核心的概念。佛教传入中国后，被称为"禅"的修行方法很早就受到重视，安世高翻译的《安般守意经》就主要介绍"观呼吸"这种上座部佛教的禅法。之后又有不同的禅法经典译出，知名度较高的如《般舟三昧经》，主要讲述念佛而使佛现于前的法门。后来《四念处》等更成体系的禅法也传进中国。这些不同的"禅"在南北朝时期的北中国相当流行，如果翻阅文献，我们会发现很多北方"大禅师"的传奇故事。鸠摩罗什来华，将大乘佛教以实相为所缘的禅观方法介绍进来，使中国的"禅学"更加丰富。到了陈、隋之际，智顗终于以其无比卓越的智能，将各种禅法加以总结和归纳，并结合自己的修行体验，完成巨著《摩诃止观》，这本书在某种程度上可以被看成当时中国各种"禅观"的百科全书。事实上，智顗的贡献远不止总结前人，他在前辈慧文和慧思的修行经验基础上，创造性地诠释《中论》，发展出"空"、"假"、"中"三观观法，将修行次第用十个层次(十乘观法)总结出来,构成了汉传佛教最完整精密、思想深邃的拥有"自主知识产权"的修行次第法门。

不过与天台宗相比,禅宗和净土宗的修行方法在后来更加流行。禅宗对佛经文字抱有审慎的态度,担心过多的知识反而会妨碍觉悟。这个特点在菩提达摩来华时表现得并不明显,他面壁观境,同时却传《楞伽经》以印心呢!后来的禅宗大德们显然更重视"印心"而不是"经",所谓"心心相印"需要师父和徒弟之间的默契。很显然,这样的修行方法,必然将师父活泼的体验放在更重要的位置,所以禅宗发展出了不同于其他大乘佛教的禅观体系,被称为"祖师禅",这种禅法更重视开悟者之间的心有灵犀。承载这一传统的是无数禅宗公案,包括许多前代祖师开悟的故事,往往充满机锋和趣味。围绕这些公案,禅宗的主要派别临济宗先后发展出文字禅和参话头这样生动而反传统的修行方法,前者是通过对公案中看似不可解的对话和行为予以理解,以期达到对佛理的顿悟,而后者则更强调"止",主要是通过对公案中某些特别词语或问题的反复念想,达到一心不乱,然后等待深藏于自心中的佛理与禅境自然呈现。

至于净土宗,其依靠的方法则又有所不同,行者通过一心念佛,并观想阿弥陀佛净土的种种殊胜景象,直接从假入真,托生极乐。这种禅观不需要行者对佛教空性的原理有多么具体清晰的理解,但从修行原理上讲却是对空性最大程度的运用。这大概是净土法门最非同一般的特性吧!

从抄本到网络：大藏经的前世今生

一、写本时代

大藏经是佛教典籍的丛书，但在梵文中并没有直接对应的词汇。与之相关的有 pitaka（藏）一词，原意为装东西的箱子。古代印度把佛经记录在经过处理的贝多罗树叶上，称为"贝叶经"，然后将之装订，放在箱子里，叫做"藏"。因为佛教有经、律、论三种文献，所以又被称为三藏：tripitaka。而"经"的梵文为 sūtra，原意为贯穿，就是指用线穿在一起的贝叶。在藏语中也没有"大藏经"的说法，现在我们常说的"藏文大藏经"其实是"甘珠尔"和"丹珠尔"的汉语称谓。在藏地，这两个词的意思分别是"对经的翻译"和"对论的翻译"。很显然，这两个词和汉语中的"大藏经"还是有一定差距的。汉语《大藏经》包括印度佛经（包括律和论）的汉译，还有汉地僧人（有些版本包括日本僧人）的著作，甚至还包括一些非佛教的论文。

在印刷术普及之前，佛经的流传主要靠抄写。在敦煌抄本大量发现之前，中国写本的流传量很少，只有在古老寺院中能零星见到。在海外，日本是汉语佛经抄本的重要保存地。敦煌遗书发现后，大量唐五代写经本被发现，大大丰富了我们关于中古佛经写本的知识，同时对写本形式的"大藏经"作深入研究也成为可能。著名的文献学家和敦煌学家方广锠在此基础上，将中国写本大藏经发展分为六个阶段。

第一阶段是酝酿时期，从佛经最早传入中国开始，到道安撰写划时代的佛经目录《综理众经目录》为止。这个时期虽然有大量佛经传入,但佛藏系统化的工作一直没有成型,道安的工作因此具有划时代意义。

第二阶段是形成阶段,从鸠摩罗什携经来华到费长房《历代三宝记》为止。这一个时期印度的中观学说被系统地介绍来华,中国自己的判教系统也开始形成,结构完整的《大藏经》成型成为可能。

第三阶段是结构体系化阶段,从《历代三宝记》完成到会昌法难止。这一阶段,对藏经组织化的探讨不断深入,此阶段智升完成其《开元录》,被誉为古代佛经目录的最高成就,为以后各个版本《大藏经》的编辑奠定了基础。

第四阶段为全国统一阶段,从会昌法难到北宋刊刻《开宝藏》为止。会昌法难使得佛教典籍损失严重,之后各宗恢复自己的典籍,往往以《开元录》为标准,这在客观上使得后来藏经的编辑趋于统一。另外皇家组织写经、藏经并向各地颁布藏经的行为,也加速了这一统一过程。

第五阶段为写本刻本并传阶段,从《开宝藏》刊刻到北宋末年。此一阶段刻本大藏经已经开始出现并有普及化倾向,但我们也发现了许多同时代的精美写本藏经如《金粟山藏经》、《法喜寺藏经》等,还有很多金银字写本传世,这些写本都是艺术和文化精品。

第六阶段是纯功德阶段,从南宋到清代。南宋以降刻本大藏经已经普及,写本不再主要承担流通功能,但佛教有抄经积累功德的信仰,所以此一阶段写本主要是佛教徒的个人宗教行为,另外经文也成为书法艺术的载体。

方广锠合理总结了中国写本大藏经的发展历史,这同时也反映了佛教文化在中国的演进。

二、刻本时代

印刷术的普及改变了佛经的保存和传播方式，同时也铸就了中国灿烂的《大藏经》刊刻文化。宋元明清，一部部不同装帧和内容的《大藏经》穿越时代，来到我们面前，他们已经不单纯是记录古老智慧的书籍了，也变成承载文明和美的艺术品。

现在仅有十余卷存世的北宋《开宝藏》，因其为宋太宗于开宝四年（971年）令内侍主持刊雕于四川益州，而得名"开宝藏"，又称"蜀刻本"。它被认为是现存各种版本刻本藏经，尤其是中原系统大藏经如《赵城藏》、《高丽藏》的母体，也是现存最早的大藏经刻本。从现存的残卷看，《开宝藏》使用黄麻纸，卷轴装，按千字文排列经书（这种排列方式成为中国刻本的传统）。至于更详细的经文排列结果因为传本太少而无法确知，但由于传世的《高丽藏》和上世纪30年代在山西发现的《赵城藏》是开宝藏的覆刻本，所以可以通过它们来还原《开宝藏》的大部分内容。据文献记载，《开宝藏》在宋代不断补充，经过皇帝批准，很多新译佛经和中国僧人著作纷纷入藏，从此，中国撰述入藏，成为汉文大藏经刊刻的一个重要传统。该藏刊刻完成后，宋代皇室多次将刻本当做国家礼物送往邻国。令人遗憾的是，在金灭北宋时，该藏的经版一部分被掳走，一部分被焚毁，全部没有流传下来。

根据现代文献学家们的观点，我国刊刻的大藏经除了直接来源于《开宝藏》的中原藏经系统，还有以《崇宁藏》、《毗卢藏》乃至明南北藏和《嘉兴藏》为代表的南方藏经系统，以及以《契丹藏》为代表的北方藏经系统。

南方系统以宋代刊雕于福建的《崇宁万寿大藏》（简称《崇宁藏》）为最早。与《开宝藏》不同，它采取折经而非卷轴方式刻印，这种装帧方式深刻影响了南方的藏经系统，直到明末《嘉兴藏》采用方册装后才有所改变。《崇宁藏》在我国保存不多,被一些寺庙和图书馆零散收藏。宋元时代,和《崇宁藏》一脉相承的刊本还有北宋《毗卢藏》、南宋《思溪藏》、元代杭州私刻的《普宁藏》、明代官方刊刻的《洪武南藏》《永乐南藏》和《永乐北藏》。另外,开雕于南宋、经元明两代不断补版的《碛砂藏》由于版本情况很复杂,还不完全确定其传承,但无疑和南方藏经体系有着千丝万缕的联系。

值得一提的还有《嘉兴藏》,因为曾藏版于余姚径上万寿禅寺下院而又被称为《径山藏》,它的特点是采用方册装经书,这种接近"现代"的装帧方式使得佛经阅读起来更加方便,助于流通,所以可谓是开风气之先的一部藏经了。

北方的藏经系统以《契丹藏》为代表。辽代刻经在我国流传极少,1974 年,文物保护人员在修缮山西应县木塔时,意外发现了佛像中的《契丹藏》刻经 12 卷(另外一同发现的还有其他版本刻经、写本佛经佛像等共计 92 件辽代文献),一时间引起了海内外的广泛关注。《契丹藏》经皆卷轴装,书写和排版都有自己的特点,同时可以看出和唐代写经有着较为密切的关系。1987 年,考古人员又在河北丰润发现了另一批辽藏,和应县辽藏大字卷轴不同,竟多为小字册装。这也说明辽代的印刷品的多样性。

除了上述各种较早版本的藏经外,现今唯一有刻板保存的是清官刻"龙藏"即《乾隆大藏经》,总 724 函,7240 卷,收录佛典 1675 部经,是我国保存最完整的古代刻本大藏经版本。

新世纪,随着计算机技术和网络的发展,《大藏经》也获得了新的传播形式,各种电子版《大藏经》和数据库得到开发运用,这都为佛教文化的普及和佛学研究提供了新的平台和更加便捷的途径,中国古老的"大藏经文化"也必将历久弥新,迎来全新的发展阶段。

从经录到僧传：佛教与中国的学术

一、佛教目录学：经录与题解

目录学一直是中国传统学术的基础，被认为是治学之门径，受到历代学者重视。清代章学诚用"辨章学术，考镜源流"来概括其价值和意义，认为其有分辨学术流派分野、考察思想发展脉络的作用。佛教传入中国后，一方面，在宗教思想上与中国文化水乳交融；另一方面，在学术领域也和中国固有的传统相结合，形成汉传佛教独特的"学统"。

所谓"目录"就是分门别类的"书目清单"，有时候在书目下略作介绍，是为题解。通过这种"分类清单加简介"，后人可以利用前人的经验，有选择和重点地读书，通读一类书的题解则可以大致了解一个学科的研究状况。更进一步，历史学家们通过古代的目录可以发现已经散佚古书的流传情况，通过这种"书籍的考古"，能为我们提供古代思想界多方面的知识。

受中国文化影响，汉传佛教有着深厚的经录传统，并结合自身特点形成了传统"经史子集"文献分类方法以外独立的目录学体系。

最早见于记载的佛经目录是始皇时代释利防带来的经书记录，也有说是西汉刘向搜集整理皇家藏书所作的经录。但这些说法都近似传说。第一部较可信的经录是在晋武帝时，据说通晓三十六国文字的高僧竺法护为自己所翻译的经典所作的目录，可惜这本书散佚了。

现存最早的佛经目录是梁代僧祐的《出三藏记集》(事实上,这本书不是纯粹的经录,而是经序、僧传和经录的集合),不过通过它的记载我们可以知道,在此书之前中国已经有很多颇具影响力的经录了,正是以这些现在已散佚的经录为基础,该书才得以成型。在这些被记录下来的文献中,可能属东晋高僧道安的《综理众经目录》最为重要,它构成《出三藏记集》经录部分的主体,其经目分类法和对伪经认真辨别的态度也被僧祐继承了下来,成为后来佛经目录编纂的典范。

到了佛教获得实质性巨大影响力的唐代,又有几部非常优秀的经录问世,其中包括道宣的《大唐内典录》,该书对经书的分类更为完整科学,所以在后世有很大声誉;另外,智升的《开元释教录》,从真伪考订到体例编排都更为严整,所以被学者们认为是历代佛经目录中编得最好的一部。宋代及以后,随着学术的全面发展和繁荣,目录题解之学也成熟完善,有不少相当有价值的断代或通代目录出现,其中北宋惟白的《大藏经纲目指要录》对所录典籍都有介绍,成为极具参考价值的目录题解合璧之书。而由元代庆吉祥等编纂的《至元法宝勘同总录》,则是汉藏不同语种佛经的对勘目录,因而极具文献价值。

明末,著名的义学高僧蕅益智旭完成了被认为是佛经目录集大成之作的四十四卷《阅藏知津》。该书属于目录题解类,智旭将所录佛典分为四部分,除传统的经、律、论三藏外,还编杂藏,收录了印度和中国各宗派僧人未入论藏的哲学著作以及他们的文集、诗歌、语言学研究论文等,也包括内容丰富的宗教仪式文献,如此就形成了颇具特色的佛典分类体系。另外,智旭还为所收录的佛典分别撰写提要。作为一个杰出的佛学家,他的提要简明精到,颇得佛理深意,也可以显示其深谙撰写提要之法,故此书在佛教目录学中的地位堪与

《四库全书总目》在中国传统目录学中的地位媲美。

目录学是中国学术一直未曾中断的传统,中国佛教目录作为其中的一个重要分支,也写就了自己不断发展完善的历史。现代学术尽管和传统学术有所不同,但精神却并未改变,佛教目录学进入近现代,并没有因为学术范式的转换而沉寂,相反,很多一流学者依然在其中耕耘,欧阳渐和吕澂等大师都留下过重要的著作。

二、佛教史地学:僧传、教史和方志

历史书写在中国有着悠久的传统,这正好和印度文化形成一个有趣的对比。在现存的佛教史料中,汉语文献比例最大,其次则是藏语。僧传、教史和寺志是汉传佛教最具代表性的历史文献,它们都是在中国史学大背景下发展并完善的。

从司马迁撰写《史记》开始,传记就成为中国人最主要的记录历史的方式。而在南亚的佛教传统里,也有为佛陀和圣者编写的传记流行。如此,在双方的影响下,"僧传"在中国的兴盛就是一件情理之中的事了。

前文提到《出三藏记集》中有"僧传"部分,这大概是存世最早的中国僧传集了,另外该书的作者僧祐还编撰过五卷的《释迦谱》,这是较早的由中国僧人撰写的佛传,这种编写僧传的传统后来被僧祐的弟子宝唱继承下来。在师父著作的启发下,他编写了三十卷《名僧传》(该书已经散佚,现在只留下日本僧人宗性的摘抄本一卷),由此开始了汉传佛教史学延续至今的僧传集编写传统。该书现存的摘抄本中留下了原书目录,由此可知宝唱将入传的僧人分为"法师"、"律师"、"神力"、"苦节"、"导师"、"经师"七个科目分别撰写。这种"分科立传"的传统被后来历代僧传继承发展,并日益精细化和合理化,成为僧传编写的定式。现存最早的僧传集是著名

的《梁高僧传》，由慧皎编写。他一方面受到宝唱的影响，另一方面对宝唱著作有所不满，这一点从其僧传的名字上就可以看出来。慧皎把"名僧"改成"高僧"，并说："自前代所撰，多曰名僧。然名者，本实之宾也。若实行潜光，则高而不名；寡德适时，则名而不高。名而不高，本非所纪；高而不名，则备今录。故省'名'音代以'高'字。"慧皎决定以德行的高下而非名声的大小作为僧人入传的标准，这为后来历代《高僧传》奠定了思想基调，单就这一点，就已经很了不起了。《梁高僧传》之后还有同样备受赞誉的唐代道宣《续高僧传》、宋代赞宁《宋高僧传》，它们一同构成了中国僧传书写的高峰。在这些名著的影响下，历代都有《高僧传》问世，从此"僧传"渐渐成为一个独立的历史文体。

僧传之外，还有更具综合性的一类史书，被称为"教史"。其中又以三类为主流。第一类是编年体，以南宋禅宗僧人本觉的《释氏通鉴》最为著名。仅从名字上看就知道他受到了司马光《资治通鉴》的影响，本觉希望佛教也拥有一本流传后世的编年体历史，这部历史也能为后代留下值得借鉴的经验。不同的是，儒学传统史学家关注的主题是治理国家，而佛教史学家们心念所系则是弘法利生。到了元代，道士赵道一有感于儒、释两家都有"通鉴"而道教独缺，于是发奋撰写《历世真仙体道通鉴》，这已成为三教关系史上的一段趣谈了。另一部著名的佛教编年史是元禅宗僧人念常编写的《历代佛祖通载》，其中所用史料种类丰富，不仅涉及政治外交，甚至有怪谈奇异之事，这些都是《释氏通鉴》所未详录的。

另一类教史是纪传体，这种历史体裁因为历代正史所采用而成为古代中国历史书写的主流。在佛教界，天台宗史学家特别热衷于编写这类教史，其中最负盛名的大概是南宋志磐的《佛祖统纪》了，与正史相似，该书分本纪、世家、列传、表和志五部分。与正史中"本纪"载帝王事不同,志磐在其书相应部分记述了佛陀以及从摩诃迦叶到师子被认为是天台西方祖师的二十四人,还记述了从龙树、慧文、慧思直到四明知礼的天台东土祖师十七人;而在"世家"和"列传"里则记述了被认为是天台宗旁枝的僧人;在"志"这一类中,志磐分别描述了天台的教典、其他各宗派的历史、佛教的地理甚至宇宙观念、佛教各种仪式和制度等内容。志磐以深厚的史学素养搜集和甄别史料,这使得他这部书,尽管被认为宗派意识太强,还是获得了极大的声誉。另外,类似的史书还有稍早的南宋宗鉴八卷《释门正统》——可以看作《佛祖统纪》的先声,以及后来的《续佛祖统纪》。这些史书表现了天台宗僧人无与伦比的宗派自豪感和正统意识,但同时也显示出它们对儒家话语体系和叙述方式的深刻认同。

另一类教史是叙述型教史,主要作者是藏族的僧人。他们受中原王朝正统史观影响较小,能够写出别具特色的藏地佛教史,留下了诸如布顿大师《佛教史大宝藏论》这样史论结合、考订史料和叙述思想都极为精彩的综合性史著,以及清松巴《如意宝书史》这样涉及各大佛教传统的视野广阔的历史,成为了中国佛教传统中不可或缺的一部分。

除了僧传和教史,中国还有着延续千年的方志学传统,佛教也为我们留下大量的方志、寺志、名山志。其中较为著名的包括北魏杨衒之的《洛阳伽蓝记》,描写北朝洛阳佛教繁荣兴盛的状况;三部《清凉传》,介绍山西五台山佛教的沿革和种种掌故传说。这些著作现在都成为我们了解地方文化的重要材料。另外,僧人游记也成为佛教历史书写中的一部分,其中以法显的《法显传》和玄奘的《大唐西域记》最为人所称道,这些高僧不仅为我们留下了优美的散文作品,还为我们提供了研究南亚史的重要史料。

在这之外,佛教还有很多记录掌故、佛学名词和杂事的类书,如宋代赞宁的《大宋僧史略》、道诚的《释氏要览》,明代一如的《三藏法数》等,都是我们了解和研究佛教史学不可缺少的参考。

三、佛教的语言文字学:经义书和习梵书

中国学者向来非常重视语言文字学研究,其在传统学术体系中被称为"小学"。佛教作为一种起源于外国的宗教,原始经典语言并非汉语,在传播的过程中需要翻译,这就为语言文字学的发展留下了空间。记录原本佛经所使用的印度方言(称为巴利语)与梵语,有着和汉语非常不同的词汇及语法系统,这一方面当然给经典翻译带来诸多困难,但从另一个角度看,中国学者通过学习这种全新的语言体系,在很大程度上加深了对语言现象本身的了解,对自己所使用的汉语也有了更全面的认识。其中最明显的例子,就是汉语音韵学在佛经开始大量译介入华的魏晋南北朝时代取得长足进步。梵语是拼音文字,元音和辅音在文字系统中区分明显,其本身又特别注重文字标音的准确性。对梵语标音方式的了解,推动了中国人对汉语语音的再认识。很多学者认为,中古以后汉语标音的主流方法"反切法"(即用两个汉字标注一个字的字音,方法是取前一个汉字的辅音,取后一个汉字的元音组成目标汉字的读音,如"绛,古巷切")正是在研究梵语的基础上得到发展和完善的。这体现了文化交流对一个国家学术发展的重要性。

就佛教本身学术发展而言,为了解释外来的佛经词语,形成了专门的经义书;为了方便汉人对梵语的把握,形成了习梵书。

关于前者,最著名的要数唐代僧人慧琳的一百卷《一切

经音义》了。慧琳是疏勒国人，唐代密宗大师不空的弟子，精通密教咒语、音韵训诂之学。他的这本经义书集前代著作大成，解释了一千零六十余部佛经中难读、难解、难识的词汇，每个词汇又大体包括五个方面的解析：一、注音，用反切法标音，另外间或讨论方言差别；二、释义，援引排列前代古书对一字的解释；三、析字，用"六书"（象形、指事、会意、形声、转注、假借）分析字的构造；四、辨体，讨论字的不同写法；五、正讹，勘正汉译佛经中的用字正误。另外，慧琳该书引证中国传统经史子集各类书籍达二百余种，对一词的解释往往能对比各家异说，条分缕析。他的书，即使用现代的观点看，也是一部优秀的古代汉语词典。

经义书主要以解释汉语佛经中词汇、帮助阅读汉语佛经为目的。习梵书则对比梵汉词汇，意在帮助翻译梵文佛经。从六朝开始，就有学僧致力于这方面的工作，而历代学者中以南宋法云的七卷《翻译名义集》最为著名。法云是天台宗僧人，其书摘录各佛经中梵语音译名词，分类编纂，列举一词各种不同译法，解释词义，引证经文例句，从音和义两个方面详细解释，是体例详备的外来语词典。

另外又如唐代义净的《梵语千字文》，是义净根据自己在印度的旅行经验，选择了一千个重要的词汇，将它们排列成有一定意义且易于记诵句子，然后对应梵文，类似于现在的双语读物，也能起到小型梵汉字典的作用。

习梵书除了词汇书以外，还有一类介绍梵语的书写和发音方法，类似于教科书和语言学研究性质的著作。如唐代智广的《悉昙字记》，是一部专门介绍梵文字母和拼音规则的著作。北宋僧人惟净、法护合编的七卷《景祐天竺字源》，自成体系地介绍了梵文字母的拼音规则、书写方法、发音技巧，也是颇具价值的梵语语音学著作。

原典选读

《洛阳伽蓝记》选

[北魏]杨衒之

永宁寺。熙平①元年灵太后胡氏所立也。在宫前阊阖门南一里御道西。其寺东有太尉府,西对永康里,南界昭玄曹②,北邻御史台。阊阖门前御道东有左卫府,府南有司徒府,司徒府南有国子学堂。内有孔丘像,颜渊问仁、子路问政在侧。国子南有宗正寺,寺南有太庙,庙南有护军府,府南有衣冠里,御道西有右卫府,府南有太尉府,府南有将作曹,曹南有九级府,府南有太社。社南有凌阴里。即四朝时藏冰处也。中有九层浮图③一所,架木为之,举高九十丈。有刹④复高十丈,合去地一千尺,去京师百里已遥见之。初掘基至黄泉下,得金像三千躯,太后以为信法之征。是以营建过度也。刹上有金宝瓶,容二十五石宝瓶,下有承露金盘三十重,周匝皆垂金铎⑤。复有铁锁,四道引刹向浮图。四角锁上,亦有金铎。铎大小如一石瓮,子浮图有九级角,角皆悬金铎,合上下有一百二十铎。浮图有四面,面有三户六窗。户皆朱漆,扉上有五行金钉,合有五千四百枚。复有金环铺首,殚土木之

---

① 熙平:魏肃宗孝明帝(元诩)年号,用于公元 516—518 年间。
② 昭玄曹:国家设立的审断僧人案件的机关,僧人犯杀人罪以下者,都由其办理。
③ 浮图:即佛塔。
④ 刹:ksetra,又音译为羼多罗,意译为田地、地域,僧人居住之地因此叫梵刹,又西域在梵刹前立柱以表示界限,因此寺前的高柱也可称"刹",此处文中应该指此物。
⑤ 铎:乐器,似铃而较大。

功，穷造形之巧，佛事精妙不可思议，绣柱金铺骇人心目。至于高风永夜，宝铎和鸣，铿锵之声，闻及十余里。浮图北有佛殿一所，形如太极殿，中有丈八金像一躯，中长金像十躯，绣珠像三躯，织成五躯，作功奇巧，冠于当世。僧房楼观一千余间，雕梁粉壁，青缫绮疏，难得而言。栝柏松椿，扶疏拂檐，丛竹香草，布护阶墀。是以《常景碑》云：须弥①宝殿、兜率②净宫，莫尚于斯也。外国所献经像，皆在此寺，寺院墙皆施短椽，以瓦覆之，若今宫墙也。四面各开一门，南门楼三重，通三道，去地二十丈，形制似今端门图。以云气画彩仙灵绮□青锁□赫丽华。拱门有四力士、四狮子。饰以金银，加之珠玉，装严焕炳，世所未闻。东西两门，亦皆如之。所可异者：唯楼二重，北门一道不施屋，似乌头门。四门外树以青槐，亘以绿水，京邑行人多庇其下。路断飞尘，不由滓云③之润；清风送凉，岂藉合欢之发。

崇真寺。比丘惠凝死一七日还活，经阎罗王检阅，以错名放免。惠凝具说过去之时，有五比丘同阅。一比丘云：是宝明寺智圣，坐禅苦行得升天堂。有一比丘，是般若寺道品，以诵四《涅槃》亦升天堂。有一比丘，云是融觉寺昙谟最。讲《涅槃》、《华严》领众千人。阎罗王云：讲经者，心怀彼我，以骄凌物，比丘中第一粗行，今唯试坐禅诵经，不问讲经。其昙谟最曰：贫道立身以来，唯好讲经，实不闇诵。阎罗王勅付司，即有青衣十人，送昙谟最向西北门，屋舍皆黑，似非好处。

---

① 须弥：即须弥山，Sumeru，佛教神话体系中，位于一个小世界中心的大山。

② 兜率：即兜率天，Tuṣita。佛教世界体系中，欲界第四层天，兜率净宫，即一生补处菩萨弥勒所在之地。

③ 滓：云彩繁盛的样子。

有一比丘云：是禅林寺道弘。自云：教化四辈檀越①，造一切经，人中象十躯。阎罗王曰：沙门之体，必须摄心守道，志在禅诵，不干世事，不作有为。虽造作经象正，欲得他人财物，既得他物贪心即起，既怀贪心便是三毒，不除具足烦恼，亦付司，仍与昙谟最同入黑门。有一比丘云：是灵觉寺宝明。自云：出家之前尝作陇西太守，造灵觉寺，成即弃官入道，虽不禅诵，礼拜不缺。阎罗王曰：卿作太守之日，曲理枉法，劫夺民财，假作此寺，非卿之力，何劳说此。亦付司，青衣送入黑门。太后闻之，遣黄门侍郎徐纥，依惠凝所说，即访宝明寺。城东有宝明寺、城内有般若寺、城西有融觉寺、禅林灵觉等三寺。问智圣、道品、昙谟最、道弘、宝明等，皆实有之。议曰：人死有罪福，即请坐禅僧一百人，常在殿内供养之。诏：不听②持经象沿路乞索，若私有财物造经象者任意。凝亦入白鹿山，居隐修道。自此以后，京邑比丘，悉皆禅诵，不复以讲经。

《大唐西域记》选

［唐］玄奘

跋禄迦国③，东西六百余里，南北三百余里。国大都城周五六里。土宜气序，人性风俗，文字法则同屈支国④，语言少异。细毡细褐，邻国所重。伽蓝数十所，僧徒千余人，习学小

① 檀越：Dāna-pati，意译为施主。
② 不听：不允许。
③ 跋禄迦：梵文 Bālukā，或作 Vālukā，意译为"沙"，即现在"阿克苏"地区。
④ 屈支国：即龟兹，今库车县。

乘教说一切有部①。

国西北行三百余里，度石碛，至凌山。此则葱岭北原，水多东流矣。山谷积雪，春夏合冻，虽时消泮，寻复结冰。经途险阻，寒风惨烈。多暴龙难，凌犯行人。由此路者，不得赭衣持瓢，大声叫唤。微有违犯，灾祸目睹。暴风奋发，飞沙雨石，遇者丧没，难以全生。

山行四百余里，至大清池②（或名热海，又谓咸海）。周千余里，东西长，南北狭。四面负山，众流交凑，色带青黑，味兼咸苦，洪涛浩汗，惊波汩淴。龙鱼杂处，灵怪间起，所以往来行旅，祷以祈福，水族虽多，莫敢渔捕。

清池西北行五百余里，至素叶水城③。城周六七里，诸国商胡杂居也。土宜糜、麦、蒲萄，林树稀疏。气序风寒，人衣毡褐④。

素叶已西数十孤城，城皆立长，虽不相禀命，然皆役属突厥。

自素叶水城，至羯霜那国⑤，地名窣利⑥，人亦谓焉。文字语言，即随称矣。字源简略，本二十余言，转而相生，其流浸广，粗有书记，竖读其文，递相传授，师资无替。服毡褐，衣皮氎，裳服褊急⑦。齐发露顶，或总剪剃，缯彩络额，形容伟大，志

---

①　说一切有部：梵文 Sarvāstivāda，部派佛教中的一部，或作音译为萨婆多部。或简称为有部，别名说因部。根据《异部宗轮论》，该部是佛灭后三百年初，从原始佛教上座部分出的。

②　大清池：今伊塞克湖。

③　素叶水城：Sūyāb（碎叶水），又作碎叶城、素叶城，唐代安西四镇之一。

④　毡褐：毛布所制成的衣服。

⑤　羯霜那国：城址在撒马尔罕南七十五公里处。

⑥　窣利：即粟特。

⑦　裳服褊急：谓衣服窄小紧身。

性恇怯①,风俗浇讹②,多行诡诈,大抵贪求,父子计利,财多为贵,良贱无差。虽富巨万,服食粗弊。力田逐利者杂半矣。

素叶城西行四百余里,至千泉。千泉者,地方二百余里,南面雪山,三陲平陆。水土沃润,林树扶疎,暮春之月,杂花若绮。泉池千所,故以名焉。突厥可汗每来避暑。中有群鹿,多饰铃镮,驯狎于人,不甚惊走。可汗爱赏,下命群属,敢加杀害,有诛无赦。故此群鹿,得终其寿。

千泉西行百四五十里,至呾逻私③城。城周八九里,诸国商胡杂居也。土宜气序,大同素叶。

南行十余里,有小孤城,三百余户,本中国人也,昔为突厥所掠,后遂鸠集同国,共保此城,于中宅居。衣服去就,遂同突厥;言辞仪范,犹存本国。

从此西南行二百余里,至白水城④。城周六七里。土地所产,风气所宜,逾胜呾逻私。

(迦毕试⑤国)王城西北二百余里至大雪山。山顶有池,请雨祈晴,随求果愿。闻诸先志曰:昔健驮逻⑥国有阿罗汉,常受此池龙王供养。每至中食,以神通力,并坐绳床,凌虚而往。侍者沙弥密于绳床之下,攀援潜隐,而阿罗汉时至便往,至龙宫乃见沙弥,龙王因请留食。龙王以天甘露饭阿罗汉,以人间味而馔沙弥。阿罗汉饭食已讫,便为龙王说诸法要。

---

① 恇怯:胆小懦弱。
② 浇讹:轻薄而虚伪奸诈。
③ 呾逻私:城址在哈萨克斯坦江布尔城。
④ 白水城:城址在乌兹别克斯坦塔什干城东北。
⑤ 迦毕试:其址在今阿富汗境内喀布尔以北贝格拉姆。
⑥ 健驮逻:Gandhāra,即犍陀罗,著名的中亚文化古城,公元前4世纪末亚历山大大帝曾进入该地区,后孔雀王朝阿育王又派使者至此地传播佛教,因而形成具有希腊艺术风格的独特的佛教造像艺术,也是大月支贵霜王朝迦腻色伽王全盛时期的统治中心。

沙弥如常为师涤器，器有余粒，骇其香味，即起恶愿，恨师忿龙："愿诸福力，于今悉现，断此龙命，我自为王。"沙弥发是愿时，龙王已觉头痛矣。罗汉说法诲喻，龙王谢咎责躬；沙弥怀忿，未从诲谢。既还伽蓝，至诚发愿，福力所致，是夜命终，为大龙王，威猛奋发，遂来入池，杀龙王，居龙宫，有其部属，总其统命。以宿愿故，兴暴风雨，摧拔树木，欲坏伽蓝。时迦腻色迦王怪而发问，其阿罗汉具以白王。王即为龙于雪山下立僧伽蓝，建窣堵波①，高百余尺。龙怀宿忿，遂发风雨。王以弘济为心，龙乘瞋毒②作暴，僧伽蓝、窣堵波六坏七成。迦腻色迦王耻功不成，欲填龙池，毁其居室，即兴兵众，至雪山下。时彼龙王深怀震惧，变作老婆罗门，叩王象而谏曰："大王宿殖善本，多种胜因，得为人王，无思不服。今日何故与龙交争？夫龙者，畜也，卑下恶类，然有大威，不可力竞。乘云驭风，蹈虚履水，非人力所制，岂王心所怒哉？王今举国兴兵，与一龙斗，胜则王无伏远之威，败则王有非敌之耻。为王计者，宜可归兵。"迦腻色迦王未之从也。龙即还池，声震雷动，暴风拔木，沙石如雨，云雾晦冥，军马惊骇。王乃归命三宝，请求加护，曰："宿殖多福，得为人王，威慑强敌，统赡部洲③，今为龙畜所屈，诚乃我之薄福也。愿诸福力，于今现前。"即于两肩起大烟焰，龙退风静，雾卷云开。王令军众人担一石，用填龙池。龙王还作婆罗门，重请王曰："我是彼池龙王，惧

---

① 窣堵波：stūpa，意为坟冢，为纪念佛陀而埋葬佛舍利子之处，后来演变为佛塔。

② 瞋毒：Krodha，强烈的愤恨之心。

③ 赡部洲：即南赡部洲，Jambudvipa，又译南阎浮提、南阎浮洲（此因印度南部所生长的Jambu树）等，为佛教传说中四大部洲（另有东胜神洲、西牛贺洲和北俱芦洲）之一。在佛教地理体系里，南赡部州是我们现在生存之地，位于须弥山之南的咸海中。

威归命,唯王悲愍,赦其前过。王以含育,覆焘①生灵,如何于我独加恶害?王若杀我,我之与王,俱堕恶道,王有断命之罪,我怀怨雠之心,业报皎然,善恶明矣。"王遂与龙明设要契,后更有犯,必不相赦。龙曰:"我以恶业,受身为龙,龙性猛恶,不能自持,瞋心或起,当忘所制。王今更立伽蓝,不敢摧毁。每遣一人候望山岭,黑云若起,急击捷槌,我闻其声,恶心当息。"其王于是更修伽蓝,建窣堵波,候望云气,于今不绝。

---

① 覆焘:广泛地护佑。

佛教的影响:社会与伦理

佛教对中国文化的影响以及其"中国化"的表现形式,既体现在文化"大传统"里,也体现在文化"小传统"里。佛教有着不同于中国固有"儒"、"道"思想传统的世界观和文化观,但从其内在性质来说却与两者可以兼容,因而成功融入中国文化,共同构成古代中国儒释道三教并立的文化结构。

佛教的因果业报观

一、色空和因果轮回

龙树在《中论》中写过一个著名的偈颂："诸佛依二谛，为众生说法，一以世俗谛，二第一义谛。"二谛在佛教哲学中是一个非常重要的概念，因为佛教既是沉思冥想希求智慧的哲学家的宗教，也是为生活幸福努力奔劳的普通人的宗教。尽管两者最终都希望远离烦恼，获得快乐，但让他们步调一致可不是件容易的事。在佛教哲学家们看来，世间的一切和浮光掠影的梦境或者转瞬即逝的幻想没有什么差别，他们深入思考，观察发现一切事物——甚至包括"自我的观念"、"烦恼"以及"轮回"本身——都没有独立不变的本质，相反，我们能够找到的唯有出现然后消失的空洞的"假象"，而正因为是假象所以不必"执取"。这就是佛教胜义谛的哲学。

大足石刻轮回图

　　这样的观照对哲学家们来讲,是获得智慧后的解脱,但对于习惯于一切实在存有的普通人来说却显得恐怖,令人痛苦。告诉他们其珍爱的一切都是假象和虚幻,无异于从一个孩子手里粗暴地抢走他最心爱的玩具。佛教认为,对于普罗大众们,最好还是先鼓励他们做一个好人,这样他们才能变得足够幸运,走上通往智慧的道路。

　　为什么一个好人就会是一个幸运的人呢?这涉及"福德同体"这样深邃的宗教和道德哲学观念,佛教通过因果律来解释它。较为传统的佛教学派拥有一整套繁复的因果理论,包含各种不同性质的原因和结果的概念,其中一些已经超出了现代语言中的因果观念,不过有两对概念倒颇值得我们认真体味:同类因、等流果;异熟因、异熟果。同类的因导致同类的果,这就是我们平时所说的事物的延续性,比如说,笔者今天是个男人,是因为昨天就是男人。这样的因果观念听起来有点可笑,不过对于一个变动不居的世界来说,却很重要。佛教哲学中有这样的观念:事物都是刹那生灭变化的,事物前一个刹那的状态是因,它将对其后一个刹那的事物的存在,也就是果,产生巨大影响。上一个刹那是男人的因导致这一个刹那依旧是男人的果,这就是同类事物导致同类事物的因果观念。

另一组因果概念建立在上面这对概念的基础上,但和我们今天讨论的主题更为相关:异熟因和异熟果。异熟是在异时异地成熟的意思。如果同类因总是简单地产生完全同类的果,变化就是不可想象的,比如说笔者前一刻是个年轻男人,二十年后仍将年轻。但情况并非如此简单,同类事物有时以一种更复杂的形式表现:事物前一刹那不可能和后一刹那完全相同,它们只是类似而已,随着时间流逝,微小的差异积少成多,事物就会有沧海桑田般的变化。这样的变化和上面所说的同类因、等流果观念有矛盾吗?答案是否定的。这种变化有规律可循,从更高、更彻底的角度看,尽管样貌有所区别,但它们本质上依旧是同类的,这种因果之间相貌不同,本质相同,这就是异熟因和异熟果。就如同因为南瓜种子里有南瓜的所有基因信息,所以种植出来一定是南瓜一样:南瓜种子和南瓜有着基因上的内在的同一性。同样,福、德两者,尽管样貌不同但本质却是相同的:乐善好施是美德,拥有财富则是福气,两者本质上相同,前者是自己给予别人财富,而后者则是由别人组成的社会给予自己财富。所以慷慨这种异熟因必然会导致富有这样的异熟果。同样,对人和颜悦色和自己拥有美好容貌之间也有着类似关系:和颜悦色是自己对世界的友好态度,而拥有美好的容貌却是世界对自己友好的赠与。相反,如果一个人对周围充满恶意,他就一定会遭到报复。你给予何物就会得到何物,所以异熟因果和同类因果本质上是相同的。如果我们不得不承认我上一刻是男人导致我此刻依旧是男人这样显而易见的事实，那我们也就不得不承认"福德同体"的必然性。所以，希望自己得到什么，就应该先给予什么；希望自己是个幸运的人，就应该成为别人幸运的源头。

但为什么世界上有很多幸运的坏人和不幸的好人呢？原因是我们没有足够的智慧看到完整的因果链条。异熟果的表现需要时间，有时时间会很长，长到等不到它出现，一个人的生命就结束了。如此一来，难道就有因无果了吗？答案是否定的，因为"轮回"。佛教不承认身体死亡以后我们的意识会随之消失，因为这不符合同类因导致等流果的简单原理，任何一个有自他分别这样错误观念的人，都会在轮回中不得脱身，因为"'我'和'他者'两者都是真实的存在者"这样的错误观念会导致和它本质上相同的"生老病死不断重复"这样的异熟果（两者本质上都是错误地认虚为实）。因此只要原因存在，重复就不断上演，这就是"轮回"。因此，我们在上一次由生到死过程中所做的好事和坏事，会以异熟果的形式表现在下一次的生命中。这就是佛教"世俗谛"的哲学。

二、"三界"：佛教的宇宙体系

佛教有着自己独特的宇宙图景，气度恢弘，体系完整严密，深刻地影响了中国古代人的世界观，成为中国古典文学和哲学的理论背景之一。所以了解中国的古代文化，对佛教给出的宇宙"地图"就不得不有所认识。

《长阿含经·世记经·阎浮提洲品》记述了佛教"三千大千世界"的观念：

> 佛告诸比丘：如一日月周行四天下，光明所照，如是

千世界，千世界中有千日月、千须弥山王、四千天下、四
千大天下、四千海水、四千大海、四千龙、四千大龙、四千
金翅鸟、四千大金翅鸟、四千恶道、四千大恶道、四千王、
四千大王、七千大树、八千大泥犁、十千大山、千阎罗王、
千四天王、千忉利天、千焰摩天、千兜率天、千化自在天、
千他化自在天、千梵天，是为小千世界。如一小千世界，
尔所小千千世界，是为中千世界。如一中千世界，尔所
中千千世界，是为三千大千世界。如是世界周匝成败，
众生所居名一佛刹。

这段经文描述道：一日一月所照耀的范围被称为一个世界，
一千个这样的世界被称为一个小千世界，一千个小千世界被
称为中千世界，一千个中千世界被称为一个大千世界。一个
大千世界称为一佛刹，也就是一个佛的教化区域。我们的小
世界属于释迦牟尼佛的名叫"娑婆世界"的教化区。

再细分，每个小世界又由欲界、色界、无色界这"三界"组
成，我们说的"六道"就分布在这"三界"之中。

先是欲界。因为生活在这个层次的众生都有饮食、男
女、睡眠等欲望，所以称为欲界。欲界包括地狱、鬼、畜生、
人、阿修罗，五道的全部以及天道的一部分。

"地狱"是佛教世界里最痛苦的所在，是由罪大恶极的人
感召来的极大苦果。地狱中的众生无时无刻不在感受着痛
苦，而且看似了无终期。在汉地流行的《地藏菩萨本愿经》
中，对地狱的场景作了可怕的描述，随着这部经的广泛传播，
"拔舌耕犁，抽肠剉斩，洋铜灌口，热铁缠身"等令人毛骨悚然
的地狱场景逐渐定型为大众普遍接受的地狱观。在另外的
一些经典中，地狱被更加详细地分层，根据生前所做恶事的
程度和性质，亡灵们在这里接受不同种类的惩罚，从长期处

在互相纷争砍杀状态的刀兵地狱,到一直处在孤单冷清黑暗旷野上的"孤独地狱",乃至被恶鬼煎炸、惨烈不已的油锅地狱,不一而足。

在"地狱"之上是"鬼道"。根据《大智度论》的说法,鬼有两种。一种叫作"弊鬼",他们中的一些颇有威德,守护山川田园、江河城市,甚至还有负责记录人间善恶的。这种"鬼"的观念后来与民间信仰融合,甚至传播到东洋,成为整个亚洲文化的一部分。另一种鬼是生活在"饥渴"和"困顿"中的"饿鬼",是与地狱众生相类似的痛苦存在,因为曾经极度贪婪吝啬,为人凶恶,所以落得这样悲惨的下场。

地狱和鬼界的场景,幽暗神秘,充满奇异之物,为文学想象提供了绝佳的舞台。自佛教传入,对地狱和幽冥世界的文学描述就层出不穷,逐渐形成了被称为"冥游文学"的书写传统,现在保存在《太平广记》、《夷坚志》以及更加著名的《阅微草堂笔记》、《聊斋志异》乃至从隋唐至民国年间大量的笔记小说中的此类故事,为历代读者所阅读,不断激发人们的想象力。尽管我们不能确定这些故事的真实性,但它们确实已经成为我们民族记忆和传统世界观的一部分。

比"地狱道"和"鬼道"稍好的是"畜生道",包括除了人类以外的一切大小动物,甚至也包括一些我们见不到的传说中的动物。它们和堕落在之前两道的众生相比相对快乐一点,不过却受到"愚痴"的困惑,同时经常受人役使,失去自由,也非常不愉快。

以上称为六道中的"三恶道",是轮回中痛苦的境地,是做坏事所得的果报。在它们之上是:

"人"。佛教认为,人拥有智慧和一定的自主力,有能力学习佛法。尽管人世间也充满苦难和不如意,却是生命不断向上的难得机会,所以我们应该珍惜人身。

"阿修罗"。阿修罗力量强大,但嫉妒心重,和欲界的天神不断战争,是印度神话体系中的独特存在,被佛教吸收。

"天",欲界只包括"天道"中的一部分——欲界六天。生活在这里的天神各种欲望获得极大的满足,在快乐中度过自己漫长而荣耀的一生,但因为过于快乐,往往不思进取,福报享尽后,落到很糟糕的境地。

在欲界之上的是色界,只有天神生活。这里的神不再受饮食男女的欲望困扰,并且拥有极其美好的身体,住在庄严无比的宫殿之中。这些宫殿本身就是色界天神的一部分在色界天,精神和物质两者是浑然一体的,故称为色界。色界天一共分为四大层,分别称为初禅天、二禅天、三禅天、四禅天,每一大层天又有若干小层,由不同等级的天神居住。之所以叫作"禅天",是说明只有修习"禅定"、远离欲望,获得一定境界的众生才能在色界各天安居。有趣的是,佛教认为,印度教的主神"梵天"就居住在色界初禅天的最高一层。

在色界之上是无色界,分为空无边处、识无边处、无所有处、非想非非想处四个层次。这里居住的众生,根本没有色身,是纯粹的精神体,是进入非常深的禅定中的浑然状态。

如此,完整的三界构成一个小世界,再有无数这样的小世界构成整个佛教的宇宙体系。这个宇宙体系又会不断经历形成、稳定、衰败、毁灭的过程,周而复始。在这其中没有永恒的快乐和安宁,唯有获得智慧,消除愚昧的妄想,获得涅槃,才能拥有超越时间的安然宁静,因此超出"三界"苦难的诸佛,示现在世间,运用各种方式,启迪帮助众生,这就是佛教的"宇宙学"和"救世论"。

三、"十善":佛教的道德律令

由唐代于阗僧人实叉难陀翻译的《十善业道经》是一部

流传极广的大乘经典,经中佛陀对龙王讲了十种能够得到福报的善行。随着佛教徒的增多和民间化,这部经在中国佛教史上的地位不断增高,深刻影响了之后中国的道德伦理体系。

经中佛对龙王说:"龙王!当知菩萨有一法,能断一切诸恶道苦。何等为一?谓于昼夜,常念、思惟、观察善法,令诸善法念念增长,不容毫分不善间杂。是即能令诸恶永断、善法圆满,常得亲近诸佛、菩萨及余圣众。言善法者,谓人天身、声闻菩提、独觉菩提、无上菩提,皆依此法以为根本而得成就,故名善法。此法即是十善业道。何等为十?谓能永离杀生、偷盗、邪行、妄语、两舌、恶口、绮语、贪欲、瞋恚、邪见。"

"十善业道"是佛说的一个法门,通过实践奉行这一法门可以远离恶道之苦,到更好的人道和天道去,甚至可以以此为基础成为远离烦恼的阿罗汉乃至成佛。这个法门有十种行为构成,用现在道德哲学的观点看,都是十分切实的伦理学原则。

第一,不杀生。杀生是愤怒嗔恨的结果,远离杀生的行为可以培养慈悲利物的高尚情操。佛陀告诉龙王,不杀生可以获十种利益:"一、于诸众生普施无畏;二、常于众生起大慈心;三、永断一切瞋恚习气;四、身常无病;五、寿命长远;六、恒为非人之所守护;七、常无恶梦,寝觉快乐;八、灭除怨结,众怨自解;九、无恶道怖;十、命终生天。"

第二,不偷盗。偷盗起于贪心,远离贪心则可以获得十种利益:"一、资财盈积,王、贼、水、火,及非爱子,不能散灭;二、多人爱念;三、人不欺负;四、十方赞美;五、不忧损害;六、善名流布;七、处众无畏;八、财、命、色、力安乐,辩才具足无缺;九、常怀施意;十、命终生天。"

第三,不邪淫。邪淫也是出于贪心,而且会给其他人的家庭带来痛苦，引起他人的嗔恨心。远离邪淫可以得到四种利益：一、身体健康安乐；二、远离纠纷和内心的不安；三、被世人称赞；四、夫妻关系和美。

以上是善身业，即在身体行为上的伦理原则。

第四，不妄语。即不说谎言。如此将获得八种利益：一、口中散发芳香；二、说话令人信服；三、发言成证，人天敬爱；四、能够善于安慰众生；五、内心愉快平和，三业清净；六、言无误失，心常欢喜；七、发言尊重，人天奉行；八、智慧殊胜，无能制伏。

第五，不两舌。即不搬弄是非。如此将获得五种利益："一、得不坏身，无能害故；二、得不坏眷属，无能破故；三、得不坏信，顺本业故；四、得不坏法行，所修坚固故；五、得不坏善知识，不诳惑故。"

第六，不恶口。即不对别人恶语相向。如此能够得到八种利益："一、言不乖度；二、言皆利益；三、言必契理；四、言词美妙；五、言可承领；六、言则信用；七、言无可讥；八、言尽爱乐。"

第七，不绮语。即不花言巧语，迷惑他人。如此就能获得三种利益："一、为有智慧的人所亲爱；二、能以智慧，如实答问；三、人天中，威德最胜，无有虚妄。"

以上是善口业，即在语言上的伦理原则。

第八，远离贪婪。则能够："一、三业（身、口、意）自在，诸根具足故；二、财物自在，一切怨贼不能夺故；三、福德自在，随心所欲，物皆备故；四、王位自在，珍奇妙物皆奉献故；五、所获之物，过本所求百倍殊胜，由于昔时不悭嫉故。"

第九，远离嗔恨。则能够："一、无损恼心；二、无瞋恚心；三、无诤讼心；四、柔和质直心；五、得圣者慈心；六、常作利益安众生心；七、身相端严，众共尊敬；八、以和忍故，速生梵世。"

　　第十,远离偏见及邪说。则能够:"一、得真善意乐、真善等侣;二、深信因果,宁殒身命,终不作恶;三、唯归依佛,非余天等;四、直心正见,永离一切吉凶疑网;五、常生人天,不更恶道;六、无量福慧,转转增胜;七、永离邪道,行于圣道;八、不起身见,舍诸恶业;九、住无碍见;十、不堕诸难。"

　　以上是善意业,就是在思想上的伦理原则。

佛教观念与儒道

一、佛教与儒学

佛教与儒学关系问题,是中国文化史上一个历久弥新的话题,一方面极为重要,另一方面又极为复杂。尽管想把这个问题巨细靡遗地分析清楚几乎是不可能完成的任务,但大致描述两家互相影响的现象却是一件较为容易的事。

较早的一件令人印象深刻的故事发生在东汉末年。一位儒学出身的大臣襄楷听说桓帝宫内有祭祀黄帝、老子以及佛陀的活动,就趁机上书讽谏:"闻宫中立黄老、浮屠之祠。此道清虚,贵尚无为,好生恶杀,省欲去奢。今陛下嗜欲不去,杀罚过理,既乖其道,岂获其祚哉?"

以上的言论具有典型意义。从后来的历史看,儒士们对佛教的认识尽管随着时代的演进而深化,但基本态度却没有根本的变化:那就是佛教具有辅助教化功能,更明确地说,有助于更好地贯彻儒家的伦理原则,只有在这个意义上,它才能够被认可。

晚襄楷数百年的柳宗元,本身对佛学颇有造诣,远远超过他东汉的前辈对佛教仅仅作"好生恶杀,省欲去奢"的理解,但基本态度并无二致,以符合儒家伦理为判断佛教可取与否的标准。他在解释自己之所以不像好友韩愈那样激烈排佛时说道:"吾之所取(于佛)者,与《易》、《论语》合,虽圣人复生,不可得而斥也。退之所罪者其迹也,曰:'髡而缁,无夫妇父子,不为耕农蚕桑而活乎人。'若是,虽吾亦不乐也。退之忿其外而遗其中,是知石而不知韫玉也。吾之所以嗜浮图之言以此。"

服膺儒学的士大夫们总是希望将佛教纳入他们的思维模式中去,成为他们教化体系的一部分,以此来将佛学消化到儒学中。有趣的是,这样的策略也被中国的佛教徒们娴熟地运用着,只不过方向正相反。之前提到过的宗密大师,就将儒道统摄进他宏伟的判教体系中,成为积累福德以正式开始佛教修行的"学前阶段"。而推崇儒学甚至自号"中庸子"的宋代天台高僧智圆在论及三教关系时则说:

> 佛教东传,与仲尼、伯阳之说为三。然孔、老之训,谈性命,未极于唯心;言报应,未臻于三世,至于治天下安国家不可一日无也。至若释氏之为教:指虚空界悉我自心,非止言太极生两仪、玄牝为天地根而已;考善恶报应悉我自业,非止言上帝无常、天网恢恢而已。有以见仲尼、伯阳,虽广大悉备,其于齐神明、研至理者,略指其趣耳。大畅其妙者,则存乎释氏之教欤?

可见佛学家们也认为儒学之于中国,绝不可无,然而中国仅有儒学还远远不够,因为佛理更为高妙,是在儒学基础上更高一层次的精神目标。如此,儒学就被理所当然地纳入佛教的理论体系中去了。

尽管儒佛两家采取的策略在今天看来似乎都有点违背"诸教平等"的精神,但能够使当时的文化精英们在坚持自己立场的前提下心平气和地深入考量或研究对方的学问,这种不失机智的半开放态度,使得中国思想文化史上两场重要思想运动得以产生分别孕育出宋明理学和中国化的佛学。在某种程度上,它们共同代表了中国古代思想史上最辉煌的成就。

儒佛这种"暗流"式的互动,在中国的思想史上算是非常有趣的文化事件。集理学思想之大成的南宋思想家朱熹,就是一个颇为引人关注的案例。朱夫子的父亲朱松,在学问上推崇杨时,对佛教颇为亲近,而且还乐于和高僧交往,因此从朱熹的家学角度看,他"初无排佛之念"也就不足为奇了。不仅如此,朱熹还说自己"出入于释老者十余年","于释氏之说,盖尝师其人,尊其道,求之亦切至矣,然未能有得"。尽管从现存的思想资料来看,我们不敢说朱子对佛教的理解是准确而深切的,但佛教在他的知识谱系中占有一席之地,而且潜在地影响到他的思想,这一点并无太多疑问。即使在他思想成熟后,极力排佛,也不能完全淹没这种影响。朱熹所重视的"心"、"性"、"情"这些概念,在佛教经论中都有过详细的讨论,比如其以"一念灵知"来解释"心",就是华严宗的思想。另外他以儒学为本位,处处和佛学论难,这样做,势必将一些佛教关注而儒学之前未曾措意的论题,引入到他的思想体系中来。比如,"心物之同异"、"鬼神之理体"等等引人入胜的新话题在《朱子语类》中就占有相当的篇幅。

其实,因为要与佛辩论,而引入佛教议题,从而在客观上丰富了儒学思想,正是宋明"新儒家"思想最显著的特点。在朱熹之前的北宋理学家和在朱熹之后的明代"心学家"们,虽然思想各异,治学路径也完全不同,但出入佛老而后论衡儒释都是他们思想生涯中重要的工作。这样的思想交汇在王阳明和他的后学那里达到了一个顶峰,如果说王阳明著名的四句教——"无善无恶心之体,有善有恶意之动。知善知恶是良知,为善去恶是格物"还谨慎地把佛教思想限制在"本体"层面的话,那么其弟子王畿提出的"四无"说——"心是无善无恶之心,意亦是无善无恶之意,知亦是无善无恶之知,物亦是无善无恶之物"则可以看作儒佛在本体和修行各个层面水乳交融的结果。

二、佛教与道教

佛教初传中国时被认为和当时流行的神仙道术并无二致,其教义思想则被认为是黄老一类。诚然,在很多人眼里,汉末的方术和黄老思想还不是后来的道教,按照这样的思路,中国化佛教和道教可以算作共同成长的文化现象了。佛教借助方术与黄老在中国站稳脚跟,而道教则直接脱胎于两者,这为两种从源头上很不相同的宗教在中国文化圈里的共生和深层次互动提供了可能性。

但共生并不意味着绝对的一致,佛道之争至晚自魏晋就已经开始。文化史上赫赫有名的《老子化胡经》,据说是西晋道士王浮所造。这部经里面说,所谓佛教不过是老子西出函谷关后,为了教化胡人而宣说的"域外道教"而已。撇开历史真实性不论,这一富有想象力的假说对中国人充满魅力,引发人们的无限遐想。但从另一个方面,这部经也确实向我们暗示了这样一个事实:当时的佛教甚为流行,以至于中国的文化保守主义者们不得不想办法把这样的"外来宗教"纳入到中国传统文化的解释框架之中。

不过随着佛教在汉地的发展,它的真实面貌一步步变得清晰起来。当时的中国人再不满足"由道解佛"了——他们毕竟是太不相同的两种学说呀!著名的早期佛教文献集《弘明集》中保存汉至六朝许多重要的佛教论教文献,主要收录与道教的辩论和教义辨析文章,是了解当时佛道争论的重要参考。

佛道之争不仅在学说上,历史上每次大规模的"灭佛运动"背后也总能看到"道士"的身影。南北朝时期北魏太武帝和北周武帝的崇道灭佛运动，甚至带有与南方国主崇佛有意做出区别，以宣扬自己才是正统的政治目的。从这个角度考虑，"佛道之争"甚至成为中国政治史的一个侧面。

不过佛道之间的融合和互相影响也是不能否认的。一些学者认为，道教重要的著作《列子》中关于生死问题的讨论，就是在吸收了佛学思想后形成的。如果这个说法成立，那么，尽管《列子》一书的成书年代将大大推后，但其在佛道思想交流史上的价值将变得非常显著。

现在可以确定的是，道教的成熟在很大程度上是受到佛教传入刺激的产物，从六朝时的道教上清派、灵宝派直到产生于宋元之际的全真道，佛教对其影响不断深入，从开始的名相借用，到对"末法"、"三界"、"普度"等观念的采纳，直至道教对佛教戒律体系、修行方式的借鉴。道教的思想家们，如陶弘景、寇谦之，乃至后来的王重阳，都有和僧人交往的经历，如果我们仔细阅读他们的思想著作，佛道之间潜在的影响就会更加具体而清晰。总之，道教的发展和佛教或正面或反面的影响都密不可分。

同样，中国佛教自身特色的形成，也与道教的影响密不可分。道教从开始就重视宗教仪式，形成丰富的科仪制度，这些对佛教忏悔仪式、超度法会的形式产生过深刻影响。道教的审美和艺术也影响了佛教。魏晋时代出现的游仙诗、山水诗所营造的独特美学意境和精神境界成为后来佛教文学发展的丰厚资源，清幽、闲雅、淡远这些美学范畴自道而佛，使得中国的僧人诗歌拥有了独特魅力。

近年来，随着藏传佛教研究的深入，很多学者也注意到藏传佛教和道教的关系。尽管很多问题还没有得到确定的解答，但作为中国文化有机组成部分的佛教和道教，两者之间深刻而复杂的联系，始终是一个引人入胜的课题。

民俗与中国佛教

一、佛教民俗

流传至今的许多民俗都和佛教有着密切的关系,下面我们择要向大家介绍。

素食。在中国以外地区的佛教僧侣并不以素食为律,《十诵律》中佛曾开许僧人食"三净肉"(谓杀生时僧人未见、未闻、未疑)。这对于生活在印度依靠托钵乞食为生的僧人来说,本是不得已的事,但大乘佛教的慈悲精神确实也给素食提供了理论依据。到梁武帝时,由于皇帝大力提倡,汉族僧人开始恪守素食的规矩。后来禅宗农禅并重的思想兴盛,僧人们有了自己生产食物的传统,素食习惯也就更加稳固地在汉地佛教徒中确立下来。随着佛教信徒的增多,素食习惯的影响力也越来越大,最终形成了素食文化,成为我国饮食文化中极具特色的部分。

神佛崇拜。对神灵的敬畏和崇拜是任何一个古代民族都有的现象,然而因为地域不同,自然条件各异,在此基础上形成的民族心理和文化习惯大不一样,所以世界各地形成了丰富多彩的宗教习俗,崇拜神灵的种类和方式非常多样化。中国自古就有祖先神和山川神等神灵崇拜,也有自己一套严格的祭祀体系。佛教的传入,丰富了我国的神灵崇拜种类和崇拜形式,塑造了独特的民俗学景观。佛菩萨的崇拜,成为民间很重要的习俗,每到初一、十五,百姓们都到寺庙烧香拜佛,祈求平安健康,甚至求占问卜。由于集中了很多人,各色商品也在此时此地集中,形成了兼具贸易和娱乐功能的庙会。

另外,我国也形成了不同于印度和东南亚各地的神佛崇拜体系。对四大菩萨的崇拜成为我国民俗信仰中极具特色的组成部分,同时形成文殊道场五台山、观音道场普陀山、普贤道场峨眉山、地藏道场九华山四大佛教名山体系,印度的菩萨崇拜和我国固有的山岳信仰结合形成了这种独具魅力的文化现象。其中观音菩萨尤以其大慈大悲、普度一切的精神受到百姓的热爱和崇敬,她在中国总是以慈母或美丽的女性形象示人,也担当送子、治病、辅助穷困的职责,成为民间最重要的神灵之一。

除了菩萨崇拜,龙王崇拜也是佛教和中国固有文化结合的产物。在印度的神话体系里,龙王是生活在水中的神奇生物,拥有巨大的力量和无数的财富。这些特点被中国的民间信仰吸收,百姓通过崇拜龙王,祈求风调雨顺。

放生和施食。佛教以慈悲为道德准则,按照佛经的说法,慈悲即是拔苦与乐。这样的行为不仅仅针对人,也要给予动物,甚至"可怜的亡灵"。放生和施食的风俗就是在这样的思想基础上形成的。放生是赎买将要被宰杀的动物,将它们放归山林湖海,使其脱离戕戮之痛。施食是通过一定的宗教仪式,使得无法得到食物的"饿鬼"们可以饱餐,使其免受饥饿之苦。对实施放生和施食的人,也可以培养其慈悲爱物的善心。这种习俗在宋代开始盛行,一直延续到今天。

民间公益。在中国乃至整个东亚地区,很多民间公益活动也有明显的佛教背景,很多寺庙僧徒、居士信众大力行善,在饥荒之年成立粥场,逢灾害则组织救援,平时组织义学(免费教育),扶贫救困。佛教提倡利他爱物,对于移风易俗起到了很积极的作用。

除此之外,佛教也广泛影响了我国的丧葬习俗。尽管火葬在我国一直存在,但只出现在边远地区,从先秦一直到唐代从未成为主流,正是由于佛教僧人有着死后火葬的传统,其一度在宋以后的民间颇为流行,后来政府屡禁而止。另外,七七法会、水陆道场等古代民间乃至上层、皇族都极为热衷的追荐法会也是在佛教思想观念下形成和流行起来的。

二、中国佛教节日举隅

佛教不仅影响到我国民间的风俗习惯,而且给我们带来了丰富多彩的节日。

腊八节又被称为"小年",是我国年俗的重要组成部分,这个节日有着中国传统祭祀文化和佛教文化的双重背景。腊月本来就是我国上古人民向祖先和山川神献祭的时间。后来佛教传入,佛经上讲,太子悉达多在意识到单纯修苦行无法觉悟之后,接受了牧羊女供养的乳糜(一种由奶做成的粥),从而恢复体力,专心打坐冥想,经历种种考验,于腊月初八在菩提树下成道。这个故事深受喜爱,于是腊月又被赋予了新一层的含义。从宋代开始,腊月初八喝粥的风俗流行起来,直到今天。

另一个中国重要的节日中元节,则是融合了佛教和道教的传统而形成的。佛教传说中有目连救母的故事:佛陀弟子中"神通第一"目犍连尊者的母亲非常吝啬,每当有僧人乞食路过,她不仅不布施,还侮辱他们。由于贪欲过重,尊者母亲死后不幸托生为饿鬼,痛苦异常。一天,目犍连通过自己的天眼通看到自己母亲的悲惨境地,十分伤心,希望能够利用自己广大的法力挽救她,但无论自己如何施法,都无济于事,没办法只好求助佛陀。佛陀对他说,你尽管在我的弟子中神通第一,但你母亲的境遇是她自己的业力招感,而神通难敌业力,所以你无能为力,现在只有让整个僧团在七月十五日僧人自恣日举行集会的时候,共同为你母亲祈福,才能有效果。最终,在整个僧团的努力下,目犍连尊者的母亲终于得救了。这个记载在《盂兰盆经》中的生动故事,本来是为了提醒人们业力可畏,教人放弃贪欲,但对于中国的老百姓来说,目犍连努力救助自己母亲的一片孝心,更令他们感动。人们在七月十五日举行供僧法会,一方面纪念目犍连,另一方面为自己的父母祈福。

到了宋代,道教的"三元信仰"也融入了这个节日中。道教传统中,七月十五这天是三元中的"中元节",是天、地、水三官中"地官"赦免各种"鬼"的日子。这一天,死去人的亡魂可以离开阴曹,放假一天,他们在阳间的亲人则应该招待他们。于是在这天民间会举行各种仪式,以满足他们故去的亲人,这一天也就被叫作"鬼节"。在佛教和道教传说的共同作用下,这个特殊的日子被中国人寄予了对故去亲人的哀思和还念之情,因此在这一天,鬼不再显得狰狞可怕,而是充满了亲情的温暖。

生活在中国西南地区的傣族人民,有着自己独特的节日:泼水节。每年公历四月中旬,傣族同胞迎来自己的傣历新年,这几天男女老少互相泼水,以表达洗旧迎新的祝福。这个传统有着深厚的佛教背景。四月十五日是佛诞日,南传上座部佛教流行的傣族地区在这一天会举行浴佛仪式,年轻的姑娘们将浸泡着鲜花的清水倒入木质的龙形雕塑中,木龙的口是张开的,"吐"出水来洒到准备好的佛像身上。佛经中记载,佛陀出生时,天龙吐水为其沐浴。傣族百姓正是通过重现当时的情形缅怀佛陀并为自己祈福的。浴佛的清水是吉祥的象征,将清水洒向自己的亲人朋友,这样的行为本身饱含着浓浓的情谊。在这一天人们还要去寺庙听和尚念经、祈福,走到街上互相祝贺,整个地区都洋溢在欢乐与祥和的气氛中。

三、民间信仰中的四大菩萨

四大菩萨崇拜体系的形成,大概是佛教对我国民间信仰最显著的影响之一。四大菩萨成为中国神谱中的重要成员已经有上千年的历史了,在这其间,民众不断将自己的情感寄托在他们身上,可以说是老百姓和佛教共同塑造了这些伟大菩萨的形象。四位菩萨分别代表佛教"悲、智、行、愿"四种精神,同时,四者也是他们救度众生的方式。

观音菩萨大概是中国最流行的神祇之一。尽管在宗教学意义上"神"与"菩萨"是两个截然不同的概念,但对老百姓来说,观音菩萨足够慈爱,又法力无边,这就足以赢得尊崇与爱戴了。观音信仰最早传入中国的时间并不明确,东汉僧人支曜在其所译的《成具光明定意经》(此经的梵文本不存)中使用了"观音"一词,但是在这部经里,"观音"菩萨只作为释迦牟尼佛讲经会上的普通一员出现过一次。到了西晋,随着《法华经》的传入,观音救苦救难形象才在我国真正流行起来。其最主要的载体是

普陀山观音菩萨像

竺法护所译的《正法华经·光世音菩萨普门品》(是鸠摩罗什译的《妙法莲花经·观世音菩萨普门品》,也就是后来俗称的《观音经》的较早译本)。后来,随着净土信仰流行,观世音菩萨作为阿弥陀佛的重要助手更加受到重视。观音菩萨代表佛教"慈悲"精神,这很容易使人将他和慈母形象联系起来,再加上《普门品》中有观音菩萨会以女身形象度化众生的文字,这位在印度艺术和传说中孔武有力的男性菩萨在中国人心目中则成为温柔慈爱的女性。在中国老百姓心中,这位伟大的菩萨住在普陀山上,日夜为众生的幸福平安努力,她美丽、聪慧,法力无边,只要真心祈祷,她就一定会以意想不到的方式来到人们身边,帮助他们度过难关。

观音是从美好无比的阿弥陀佛净土而来帮助众生的,文殊菩萨和普贤菩萨则稍有不同。在汉地信仰体系中,文殊和普贤是在我们娑婆世界成佛的释迦牟尼佛的左右助手,所以他们经常成对出现在佛陀身边,一个骑着狮子,一个骑着六牙白象;一个代表"大智",一个代表"大行",分别是佛教理论和实践的护持者。文殊是早期大乘经典中最重要的菩萨,是帮助释迦牟尼佛宣扬大乘经典的得力助手。在《佛说如幻三昧经》等一些经典中,记载了文殊为了使与会的僧众从对过去罪业的恐怖中解脱出来,而拔剑向佛的故事,佛陀以文殊的行为为契机,向大家宣说诸法如幻之理,大家纷纷抛弃对过去罪业的心理负担,重新走上追求觉悟的道路。因为这个故事,文殊菩萨塑像的手中总会有一把利剑,象征斩断烦恼的智慧。在藏地,标准的文殊菩萨像除了右手持利剑外,左手还持一朵盛开的莲花,上托着一函《般若经》,同样代表文殊菩萨在佛教徒追求智慧途中的重要作用。普贤菩萨象征着伟大的实行力,他乘着六牙白象可以摧毁修行道路上的一切障碍,在重要的大乘经典《华严经》中,他是一切如来的"长子",代表着弘扬佛法的最主要力量。唐代高僧金刚智翻译的密教经典《金刚顶瑜伽中略初念诵经》中说:"普贤法身遍一切,能为世间自在主。无始无终无生灭,性相常住等虚空。"可见普贤是被认为等同法界的伟大菩萨。

在民间,人们相信文殊和普贤菩萨曾无数次化身成凡人的样子度化众生。唐代浙江天台山曾出现过两位行为怪异但极具智慧的高僧——寒山与拾得,大概是文殊和普贤传说中最著名的化身,为我们留下了许多动人的故事。山西的五台山和四川的峨眉山被认为是文殊和普贤菩萨在人间的道场,历代都有高僧和信众不远万里登山朝圣,希望能得到两位菩萨指点和祝福。

另一位在我国民众心中具有崇高地位的菩萨是地藏菩萨。这位菩萨,因为在汉地极为流行的《地藏菩萨本愿经》而深入人心。这部经中记载了好几则地藏菩萨还是凡人时候的故事。在故事中,地藏菩萨的前身为了拯救落入地狱中的母亲发心度尽一切地狱众生。这些故事感人至深,使得地藏菩萨在人们心中成为一切逝去之人的护佑——幽冥教主。菩萨在自己大愿的激励中不断帮助和教化落入地狱的不幸亡灵,指引他们弃恶从善,并借此脱离苦海。地藏菩萨的道场在江西九华山,是我国最著名的佛教旅游胜地之一,这也是地藏菩萨非凡感召力的表现吧。

四大菩萨代表着民间信仰中的佛教形象,他们有着感人至深的道德力量,又极具魅力,成为我国民俗中的一道亮丽风景。

原典选读

妙法莲华经·观世音菩萨普门品

尔时，无尽意菩萨即从座起，偏袒右肩，合掌向佛，而作是言："世尊！观世音菩萨，以何因缘名观世音？"

佛告无尽意菩萨："善男子！若有无量百千万亿众生受诸苦恼，闻是观世音菩萨，一心称名，观世音菩萨实时观①其音声，皆得解脱。若有持是观世音菩萨名者，设入大火，火不能烧，由是菩萨威神力故。若为大水所漂，称其名号，即得浅处。若有百千万亿众生，为求金、银、琉璃、车□、马瑙、珊瑚、虎珀、真珠等宝，入于大海，假使黑风吹其船舫，飘堕罗刹②鬼国，其中若有，乃至一人，称观世音菩萨名者，是诸人等皆得解脱罗刹之难。以是因缘，名观世音。若复有人临当被害，称观世音菩萨名者，彼所执刀杖寻段段坏，而得解脱。若三千大千国土，满中夜叉③、罗刹，欲来恼人，闻其称观世音菩萨名者，是诸恶鬼，尚不能以恶眼视之，况复加害。设复有人，若有罪、若无罪，杻械、枷锁检系其身，称观世音菩萨名者，皆悉断坏，即得解脱。若三千大千国土，满中怨贼，有一商主，将诸商人，赍持重宝、经过崄路，其中一人作是唱言：'诸善男子！勿得恐怖，汝等应当一心称观世音菩萨名号。是菩萨能以无畏施于众生，汝等若称名者，于此怨贼当得解脱。'众商

---

① 在一些大乘经典中，描述观世音菩萨六根圆通，也就是眼、耳、鼻、舌、身、意的功能可以互通，有这样神通的菩萨眼睛可以听声音，耳朵可以看事物等，他们的能力不受器官功能的限制，因此这里说"观"众生的"音声"。

② 罗刹：梵文 Rākṣasa，食人的恶鬼。

③ 夜叉：梵文 Yakṣa，或译为"捷疾鬼"、"能啖鬼"、"轻捷"、"勇健"等。印度文化中力量强大的为鬼，在佛经中，他们中的一部分成为护法，是天龙八部之一。

人闻，俱发声言：'南无①观世音菩萨。'称其名故，即得解脱。

"无尽意！观世音菩萨摩诃萨，威神之力巍巍如是。若有众生多于淫欲，常念恭敬观世音菩萨，便得离欲。若多瞋恚，常念恭敬观世音菩萨，便得离瞋。若多愚痴，常念恭敬观世音菩萨，便得离痴。

"无尽意！观世音菩萨有如是等大威神力，多所饶益，是故众生常应心念。若有女人，设欲求男，礼拜供养观世音菩萨，便生福德智慧之男；设欲求女，便生端正有相之女。宿殖德本，众人爱敬。

"无尽意！观世音菩萨有如是力，若有众生，恭敬礼拜观世音菩萨，福不唐捐，是故众生皆应受持观世音菩萨名号。

"无尽意！若有人受持六十二亿恒河沙菩萨名字，复尽形供养饮食、衣服、卧具、医药。于汝意云何？是善男子、善女人，功德多不？"

无尽意言："甚多，世尊！"

佛言："若复有人受持观世音菩萨名号，乃至一时礼拜、供养，是二人福，正等无异，于百千万亿劫不可穷尽。无尽意！受持观世音菩萨名号，得如是无量无边福德之利。"

无尽意菩萨白佛言："世尊！观世音菩萨，云何游此娑婆世界？云何而为众生说法？方便之力，其事云何？"

佛告无尽意菩萨："善男子！若有国土众生，应以佛身得度者，观世音菩萨即现佛身而为说法；应以辟支佛②身得度者，即现辟支佛身而为说法；应以声闻③身得度者，即现声闻

---

① 南无：梵文 namo 音译，意思是皈依、归敬于某的意思。
② 辟支佛：Pratyekabuddha，意译为缘觉，因观察十二因缘而悟道，得小乘圣果的修行者。
③ 声闻：Sāvaka，听佛陀讲法而获得小乘圣果的修行人，与辟支佛和称二乘。

身而为说法;应以梵王身得度者,即现梵王身而为说法;应以帝释①身得度者,即现帝释身而为说法;应以自在天身得度者,即现自在天身而为说法;应以大自在天身得度者,即现大自在天身而为说法;应以天大将军身得度者,即现天大将军身而为说法;应以毗沙门身得度者,即现毗沙门身而为说法;应以小王身得度者,即现小王身而为说法;应以长者身得度者,即现长者身而为说法;应以居士身得度者,即现居士身而为说法;应以宰官身得度者,即现宰官身而为说法;应以婆罗门身得度者,即现婆罗门身而为说法;应以比丘、比丘尼、优婆塞②、优婆夷③身得度者,即现比丘、比丘尼、优婆塞、优婆夷身而为说法;应以长者、居士、宰官、婆罗门妇女身得度者,即现妇女身而为说法;应以童男、童女身得度者,即现童男、童女身而为说法;应以天、龙、夜叉、乾闼婆④、阿修罗⑤、迦楼罗⑥、紧那罗⑦、摩睺罗伽⑧、人非人等身得度者,即皆现之而为说法;应以执金刚身得度者,即现执金刚身而为说法。

"无尽意!是观世音菩萨成就如是功德,以种种形,游诸国土,度脱众生。是故汝等,应当一心供养观世音菩萨。是观世音菩萨摩诃萨,于怖畏急难之中能施无畏,是故此娑婆世界,皆号之为施无畏者。"

无尽意菩萨白佛言:"世尊!我今当供养观世音菩萨。"

---

① 帝释:即释提桓因陀罗,梵文 Sakro devānām indra,印度教和佛教神话体系中三十三天天主,为佛教重要的护法神。

② 优婆塞:Upāsaka,没有出家的男性佛教信徒。

③ 优婆夷:Upāsikā,没有出家的女性佛教信徒。

④ 乾闼婆:Gandharva,帝释天的乐神,以香气为食。天龙八部之一。

⑤ 阿修罗:Asura,意译为"非天",能力福报似天神而略差,嫉妒心强,因而常与天神争斗。天龙八部之一。

⑥ 迦楼罗:Garuda,大鹏金翅鸟,以龙族为食。天龙八部之一。

⑦ 紧那罗:Kinnara,音乐天,能歌善舞的天神。天龙八部之一。

⑧ 摩睺罗伽:Mahoraga,大蛇,或翻译为大蟒蛇。天龙八部之一。

即解颈众宝珠、璎珞，价值百千两金，而以与之，作是言："仁者！受此法施珍宝璎珞。"时观世音菩萨不肯受之。无尽意复白观世音菩萨言："仁者！愍我等故，受此璎珞。"

尔时佛告观世音菩萨："当愍此无尽意菩萨及四众，天、龙、夜叉、乾闼婆、阿修罗、迦楼罗、紧那罗、摩睺罗伽、人非人等故，受是璎珞。"

实时观世音菩萨愍诸四众，及于天、龙、人非人等，受其璎珞，分作二分，一分奉释迦牟尼佛，一分奉多宝佛塔。

"无尽意，观世音菩萨有如是自在神力，游于娑婆世界。"

尔时无尽意菩萨以偈问曰：

世尊妙相具，	我今重问彼，
佛子何因缘，	名为观世音？
具足妙相尊，	偈答无尽意：
"汝听观音行，	善应诸方所，
弘誓深如海，	历劫不思议，
侍多千亿佛，	发大清净愿。
我为汝略说，	闻名及见身，
心念不空过，	能灭诸有苦。
假使兴害意，	推落大火坑，
念彼观音力，	火坑变成池。
或漂流巨海，	龙鱼诸鬼难，
念彼观音力，	波浪不能没。
或在须弥峯，	为人所推堕，
念彼观音力，	如日虚空住。
或被恶人逐，	堕落金刚山，
念彼观音力，	不能损一毛。
或值怨贼绕，	各执刀加害，
念彼观音力，	咸即起慈心。

或遭王难苦，　临刑欲寿终，
念彼观音力，　刀寻段段坏。
或囚禁枷锁，　手足被杻械，
念彼观音力，　释然得解脱。
呪诅诸毒药，　所欲害身者，
念彼观音力，　还着于本人。
或遇恶罗刹、　毒龙诸鬼等，
念彼观音力，　时悉不敢害。
若恶兽围遶，　利牙爪可怖，
念彼观音力，　疾走无边方。
蚖蛇及蝮蝎，　气毒烟火燃，
念彼观音力，　寻声自回去。
云雷鼓掣电，　降雹澍大雨，
念彼观音力，　应时得消散。
众生被困厄，　无量苦逼身，
观音妙智力，　能救世间苦。
具足神通力，　广修智方便，
十方诸国土，　无刹不现身。
种种诸恶趣，　地狱鬼畜生，
生老病死苦，　以渐悉令灭。
真观清净观，　广大智慧观，
悲观及慈观，　常愿常瞻仰。
无垢清净光，　慧日破诸闇，
能伏灾风火，　普明照世间。
悲体戒雷震，　慈意妙大云，
澍甘露法雨，　灭除烦恼焰。
诤讼经官处，　怖畏军阵中，
念彼观音力，　众怨悉退散。

妙音观世音，　　梵音海潮音，

胜彼世间音，　　是故须常念，

念念勿生疑。　　观世音净圣，

于苦恼死厄，　　能为作依怙，

具一切功德，　　慈眼视众生，

福聚海无量，　　是故应顶礼。"

尔时持地菩萨即从座起，前白佛言："世尊！若有众生，闻是观世音菩萨品自在之业，普门示现神通力者，当知是人功德不少。"

佛说是普门品时，众中八万四千众生，皆发无等等阿耨多罗三藐三菩提心。

佛说阿弥陀①经

［姚秦］鸠摩罗什 译

如是我闻②：

一时，佛在舍卫国祇树给孤独园，与大比丘僧千二百五十人俱，皆是大阿罗汉③，众所知识。长老舍利弗、摩诃目犍连、摩诃迦叶、摩诃迦栴延、摩诃拘絺罗、离婆多、周梨盘陀迦、难陀、阿难陀、罗睺罗、憍梵波提、宾头卢颇罗堕、迦留陀夷、摩诃劫宾那、薄俱罗、阿㝹楼驮，如是等诸大弟子，并诸菩萨摩诃萨——文殊师利法王子、阿逸多菩萨、乾陀诃提菩萨、

---

① 阿弥陀：Amitābha，译作无量。阿弥陀佛，又称无量光佛、无量寿佛，是汉传地区最受崇敬的佛，根据佛经，他是西方极乐世界的佛。

② 佛经前冠以"如是我闻"（也可译为"闻如是"、"如是闻"等），表示以下的话是记录者（一般为阿难）亲耳听闻佛说，可以信受之意。

③ 阿罗汉：Arhat，译作"杀贼"（杀烦恼之贼）、"应供"（功德高广，应受人天供养）、"不生"（永断生死烦恼，不再六道中受生）。佛经中常描述阿罗汉"诸漏已尽，无复烦恼，所作已办，不受后有"，是小乘最高的果位。

常精进菩萨,与如是等诸大菩萨,及释提桓因等无量诸天大众俱。

尔时,佛告长老舍利弗:

"从是西方过十万亿佛土,有世界名曰极乐。其土有佛,号阿弥陀,今现在说法。舍利弗!彼土何故名为极乐? 其国众生无有众苦,但受诸乐,故名极乐。又舍利弗! 极乐国土,七重栏楯、七重罗网、七重行树,皆是四宝周匝围绕,是故彼国名曰极乐。

"又舍利弗! 极乐国土有七宝池,八功德水①充满其中,池底纯以金沙布地。四边阶道,金、银、琉璃、颇梨合成。上有楼阁,亦以金、银、琉璃、颇梨、砗磲、赤珠、马瑙而严饰之。池中莲花,大如车轮,青色青光,黄色黄光,赤色赤光,白色白光,微妙香洁。舍利弗! 极乐国土成就如是功德庄严。

"又舍利弗! 彼佛国土,常作天乐,黄金为地,昼夜六时②天雨曼陀罗华③。其国众生,常以清旦,各以衣祴盛众妙华,供养他方十万亿佛;即以食时,还到本国,饭食经行。舍利弗! 极乐国土成就如是功德庄严。

"复次舍利弗! 彼国常有种种奇妙杂色之鸟——白鹄、孔雀、鹦鹉、舍利④、迦陵频伽⑤、共命之鸟。是诸众鸟,昼夜六

---

① 八功德水《称赞净土经》:"何等名为八功德水? 一者澄净、二者清冷、三者甘美、四者轻软、五者润泽、六者安和、七者饮时除饥渴等无量过患、八者饮已定能长养诸根四大增益。"《俱舍论》:"妙高为初,轮围最后,中间八海。前七名内七中皆具八功德水:一甘、二冷、三软、四轻、五清净、六不臭、七饮时不损喉、八饮已不伤肠。"

② 印度记时之法,一昼夜为六时分:晨朝(初日分)、日中(中日分)、日没(后日分)、初夜(分)、中夜(分)、后夜(分)。

③ 曼陀罗华:即曼陀罗花。曼陀罗,梵文 Mandala,本意为圆形。

④ 舍利:指舍利鸟,秋鹭。

⑤ 迦陵频伽:Kalavinka,意译为合雅之声,是一种能唱出无比悦耳声音的鸟。

时出和雅音,其音演畅五根、五力、七菩提分、八圣道①分如是等法。其土众生闻是音已,皆悉念佛、念法、念僧。舍利弗!汝勿谓:'此鸟实是罪报所生。'所以者何?彼佛国土无三恶趣。舍利弗!其佛国土尚无三恶道之名,何况有实?是诸众鸟皆是阿弥陀佛欲令法音宣流变化所作。舍利弗!彼佛国土,微风吹动,诸宝行树及宝罗网出微妙音,譬如百千种乐同时俱作,闻是音者皆自然生念佛、念法、念僧之心。舍利弗!其佛国土成就如是功德庄严。

"舍利弗!于汝意云何?彼佛何故号阿弥陀?舍利弗!彼佛光明无量,照十方国无所障碍,是故号为阿弥陀。又舍利弗!彼佛寿命及其人民,无量无边阿僧祇劫②,故名阿弥陀。舍利弗!阿弥陀佛成佛已来,于今十劫。又舍利弗!彼佛有无量无边声闻弟子,皆阿罗汉,非是算数之所能知;诸菩萨,亦复如是。舍利弗!彼佛国土,成就如是功德庄严。

"又舍利弗!极乐国土众生生者,皆是阿鞞跋致③。其中多有一生补处④,其数甚多,非是算数所能知之,但可以无量无边阿僧祇劫说。舍利弗!众生闻者,应当发愿,愿生彼国。所以者何?得与如是诸上善人俱会一处。

---

① 五根、五力、七菩提分、八圣道都是三十七道品中的概念,三十七道品包括:一、四念处:观身不净、观受皆苦、观心无常、观法无有我。二、四正勤:已生恶,令永断;未生恶,令不生;未生善,令生;已生善,令增长。三、四如意足:欲如意足、精进如意足、念如意足、思惟如意足。四、五根:信根、精进根、念根、定根、慧根。五、五力:信力、精进力、念力、定力、慧力。六、七觉支:择法、精进、喜、除、舍、定、念。七、八正道:正见、正思惟、正语、正业、正命、正精进、正念、正定。

② 阿僧祇:Asamkhya,译意作无数,印度表示极大数目的计数单位。劫:Kalpa,译为"分别时节",表示一定长度的时间单位。阿僧祇劫表示长到难以计数的一段时间。

③ 阿鞞跋致:Avaivart,又音译为阿毗跋致,或阿惟越致,意译为不退转,是菩萨阶位之名,修行到此一阶段的菩萨,在成佛之路上不会发生退转。

④ 下一世即将成佛的菩萨,是最后身菩萨的别号,根据佛经,婆婆世界的一生补处菩萨,即在释迦牟尼佛后在我们世界成佛的弥勒菩萨,现在仍居于兜率天。

"舍利弗！不可以少善根福德因缘,得生彼国。舍利弗！若有善男子、善女人,闻说阿弥陀佛,执持名号,若一日、若二日、若三日、若四日、若五日、若六日、若七日,一心不乱。其人临命终时,阿弥陀佛与诸圣众现在其前。是人终时,心不颠倒,即得往生阿弥陀佛极乐国土。舍利弗！我见是利,故说此言。若有众生闻是说者,应当发愿生彼国土。

"舍利弗！如我今者,赞叹阿弥陀佛不可思议功德;东方亦有阿閦鞞佛、须弥相佛、大须弥佛、须弥光佛、妙音佛,如是等恒河沙数诸佛,各于其国出广长舌相,遍覆三千大千世界,说诚实言:'汝等众生,当信是称赞不可思议功德一切诸佛所护念经。'

"舍利弗！南方世界有日月灯佛、名闻光佛、大焰肩佛、须弥灯佛、无量精进佛,如是等恒河沙数诸佛,各于其国出广长舌相,遍覆三千大千世界,说诚实言:'汝等众生,当信是称赞不可思议功德一切诸佛所护念经。'

"舍利弗！西方世界有无量寿佛、无量相佛、无量幢佛、大光佛、大明佛、宝相佛、净光佛,如是等恒河沙数诸佛,各于其国出广长舌相,遍覆三千大千世界,说诚实言:'汝等众生,当信是称赞不可思议功德一切诸佛所护念经。'

"舍利弗！北方世界有焰肩佛、最胜音佛、难沮佛、日生佛、网明佛,如是等恒河沙数诸佛,各于其国出广长舌相,遍覆三千大千世界,说诚实言:'汝等众生,当信是称赞不可思议功德一切诸佛所护念经。'

"舍利弗！下方世界有师子佛、名闻佛、名光佛、达摩佛、法幢佛、持法佛,如是等恒河沙数诸佛,各于其国出广长舌相,遍覆三千大千世界,说诚实言:'汝等众生,当信是称赞不可思议功德一切诸佛所护念经。'

"舍利弗！上方世界有梵音佛、宿王佛、香上佛、香光佛、大焰肩佛、杂色宝华严身佛、娑罗树王佛、宝华德佛、见一切义佛、如须弥山佛,如是等恒河沙数诸佛,各于其国出广长舌相,遍覆三千大千世界,说诚实言:'汝等众生,当信是称赞不可思议功德一切诸佛所护念经。'

"舍利弗!于汝意云何?何故名为'一切诸佛所护念经'?舍利弗!若有善男子、善女人,闻是经受持者,及闻诸佛名者;是诸善男子、善女人,皆为一切诸佛共所护念,皆得不退转于阿耨多罗三藐三菩提。是故舍利弗!汝等皆当信受我语及诸佛所说。

"舍利弗!若有人已发愿、今发愿、当发愿,欲生阿弥陀佛国者;是诸人等,皆得不退转于阿耨多罗三藐三菩提,于彼国土若已生、若今生、若当生。是故舍利弗!诸善男子、善女人若有信者,应当发愿生彼国土。

"舍利弗!如我今者,称赞诸佛不可思议功德;彼诸佛等,亦称说我不可思议功德,而作是言:'释迦牟尼佛能为甚难希有之事,能于娑婆①国土五浊恶世——劫浊、见浊、烦恼浊、众生浊、命浊中,得阿耨多罗三藐三菩提,为诸众生说是一切世间难信之法。'舍利弗!当知我于五浊恶世,行此难事;得阿耨多罗三藐三菩提,为一切世间说此难信之法,是为甚难!"

佛说此经已。舍利弗及诸比丘,一切世间天、人、阿修罗等,闻佛所说,欢喜信受,作礼而去。

十善业道经

[唐]实叉难陀奉　制译

如是我闻:

---

① 娑婆:梵语 sahā,译为堪忍,因为此世界众生堪忍为恶,又因为诸菩萨为教化众生而需要忍受种种劳苦。

一时佛在娑竭罗①龙宫，与八千大比丘众、三万二千菩萨摩诃萨②俱。尔时世尊告龙王言：

"一切众生心想异故，造业亦异，由是故有诸趣轮转。龙王！汝见此会及大海中，形色种类各别不耶？如是一切，靡不由心造善不善身业、语业、意业所致。而心无色，不可见取，但是虚妄诸法集起，毕竟无主，无我、我所。虽各随业，所现不同，而实于中无有作者。故一切法皆不思议，自性如幻。智者知已，应修善业，以是所生蕴、处、界等，皆悉端正，见者无厌。

"龙王！汝观佛身，从百千亿福德所生，诸相庄严，光明显曜，蔽诸大众。设无量亿自在梵王，悉不复现；其有瞻仰如来身者，莫不目眩！汝又观此诸大菩萨，妙色严净，一切皆由修集善业福德而生。又诸天龙八部众等大威势者，亦因善业福德所生。今大海中所有众生，形色粗鄙，或大或小，皆由自心种种想念，作身、语、意诸不善业，是故随业各自受报。汝今当应如是修学，亦令众生了达因果，修习善业。汝当于此正见不动，勿复堕在断、常见中！于诸福田欢喜、敬养，是故汝等亦得人天尊敬、供养。

"龙王！当知菩萨有一法，能断一切诸恶道苦。何等为一？谓于昼夜，常念、思惟、观察善法，令诸善法念念增长，不容毫分不善间杂。是即能令诸恶永断、善法圆满，常得亲近诸佛、菩萨及余圣众。言善法者，谓人天身、声闻菩提、独觉菩提、无上菩提，皆依此法以为根本而得成就，故名善法。此法即是十善业道。何等为十？谓能永离杀生、偷盗、邪行、妄

———————

① 娑竭罗：梵文 Sāgara，音译海洋。
② 摩诃萨：Mahāsattva，由"大"（Mahā）和"众生"（sattva）两词构成的复合词，意译为"大士"。

语、两舌、恶口、绮语、贪欲、瞋恚、邪见。

"龙王！若离杀生，即得成就十离恼法。何等为十？一、于诸众生普施无畏；二、常于众生起大慈心；三、永断一切瞋恚习气；四、身常无病；五、寿命长远；六、恒为非人之所守护；七、常无恶梦，寝觉快乐；八、灭除怨结，众怨自解；九、无恶道怖；十、命终生天；是为十。若能回向^①阿耨多罗三藐三菩提者，后成佛时，得佛随心自在寿命。

"复次，龙王！若离偷盗，即得十种可保信法。何等为十？一者、资财盈积，王、贼、水、火，及非爱子，不能散灭；二、多人爱念；三、人不欺负；四、十方赞美；五、不忧损害；六、善名流布；七、处众无畏；八、财、命、色、力安乐，辩才具足无缺；九、常怀施意；十、命终生天；是为十。若能回向阿耨多罗三藐三菩提者，后成佛时，得证清净大菩提智。

"复次，龙王！若离邪行，即得四种智所赞法。何等为四？一、诸根调顺；二、永离諠掉^②；三、世所称叹；四、妻莫能侵；是为四。若能回向阿耨多罗三藐三菩提者，后成佛时，得佛丈夫隐密藏相。

"复次，龙王！若离妄语，即得八种天所赞法。何等为八？一、口常清净、优钵华香；二、为诸世间之所信伏；三、发言成证，人天敬爱；四、常以爱语安慰众生；五、得胜意乐，三业清净；六、言无误失，心常欢喜；七、发言尊重，人天奉行；八、智慧殊胜，无能制伏；是为八。若能回向阿耨多罗三藐三菩提者，后成佛时，即得如来真实语。

"复次，龙王！若离两舌，即得五种不可坏法。何等为五？一、得不坏身，无能害故；二、得不坏眷属，无能破故；

---

① 回向：将自己所做的善意功德，回转给其他众生或庄严佛土。
② 諠掉：争斗吵闹。

三、得不坏信,顺本业故;四、得不坏法行,所修坚固故;五、得不坏善知识,不诳惑故;是为五。若能回向阿耨多罗三藐三菩提者,后成佛时,得正眷属,诸魔外道不能沮坏。

"复次,龙王!若离恶口,即得成就八种净业。何等为八?一、言不乖度;二、言皆利益;三、言必契理;四、言词美妙;五、言可承领;六、言则信用;七、言无可讥;八、言尽爱乐;是为八。若能回向阿耨多罗三藐三菩提者,后成佛时,具足如来梵音声相。

"复次,龙王!若离绮语,即得成就三种决定。何等为三?一、定为智人所爱;二、定能以智,如实答问;三、定于人天,威德最胜,无有虚妄;是为三。若能回向阿耨多罗三藐三菩提者,后成佛时,即得如来诸所授记,皆不唐捐。

"复次,龙王!若离贪欲,即得成就五种自在。何等为五?一、三业自在,诸根具足故;二、财物自在,一切怨贼不能夺故;三、福德自在,随心所欲,物皆备故;四、王位自在,珍奇妙物皆奉献故;五、所获之物,过本所求百倍殊胜,由于昔时不悭嫉故;是为五。若能回向阿耨多罗三藐三菩提者,后成佛时,三界特尊,皆共敬养。

"复次,龙王!若离瞋恚,即得八种喜悦心法。何等为八?一、无损恼心;二、无瞋恚心;三、无诤讼心;四、柔和质直心;五、得圣者慈心;六、常作利益安众生心;七、身相端严,众共尊敬;八、以和忍故,速生梵世;是为八。若能回向阿耨多罗三藐三菩提者,后成佛时,得无碍心,观者无厌。

"复次,龙王!若离邪见,即得成就十功德法。何等为十?一、得真善意乐、真善等侣;二、深信因果,宁殒身命,终不作恶;三、唯归依佛,非余天等;四、直心正见,永离一切吉凶疑网;五、常生人天,不更恶道;六、无量福慧,转转增胜;七、永离邪道,行于圣道;八、不起身见,舍诸恶业;九、住无碍见，十、不堕诸难；是为十。若能回向阿耨多罗三藐三菩提者，后成佛时，速证一切佛法，成就自在神通。"

尔时世尊复告龙王言："若有菩萨依此善业，于修道时，能离杀害而行施故，常富财宝，无能侵夺；长寿无夭，不为一切怨贼损害。离不与取而行施故，常富财宝，无能侵夺；最胜无比，悉能备集诸佛法藏。离非梵行而行施故，常富财宝，无能侵夺；其家直顺，母及妻子，无有能以欲心视者。离虚诳语而行施故，常富财宝，无能侵夺；离众毁谤，摄持正法，如其誓愿，所作必果。离离间语而行施故，常富财宝，无能侵夺；眷属和睦，同一志乐，恒无乖诤。离麁恶语而行施故，常富财宝，无能侵夺；一切众会，欢喜归依，言皆信受，无违拒者。离无义语而行施故，常富财宝，无能侵夺；言不虚设，人皆敬受，能善方便，断诸疑惑。离贪求心而行施故，常富财宝，无能侵夺；一切所有，悉以慧舍，信解坚固，具大威力。离忿怒心而行施故，常富财宝，无能侵夺；速自成就无碍心智，诸根严好，见皆敬爱。离邪倒心而行施故，常富财宝，无能侵夺；恒生正见敬信之家，见佛、闻法、供养众僧，常不忘失大菩提心。是为大士修菩萨道时，行十善业，以施庄严，所获大利如是。

"龙王！举要言之，行十善道，以戒庄严故，能生一切佛法义利，满足大愿；忍辱庄严故，得佛圆音，具众相好；精进庄严故，能破魔怨，入佛法藏；定庄严故，能生念、慧、惭、愧、轻安；慧庄严故，能断一切分别妄见；慈庄严故，于诸众生不起恼害；悲庄严故，愍诸众生，常不厌舍；喜庄严故，见修善者，心无嫌嫉；舍庄严故，于顺违境，无爱恚心；四摄庄严故，常勤摄化一切众生；念处庄严故，善能修习四念处观；正勤庄严故，悉能断除一切不善法，成一切善法；神足庄严故，恒令身心轻安、快乐；五根庄严故，深信坚固，精勤匪懈，常无迷忘，寂然调顺，断诸烦恼；力庄严故，众怨尽灭，无能坏者；觉支庄严故,常善觉悟一切诸法;正道庄严故,得正智慧常现在前;止庄严故,悉能涤除一保证使;观庄严故,能如实知诸法自性;方便庄严故,速得成满为、无为乐。

"龙王! 当知此十善业,乃至能令十力、无畏、十八不共,一切佛法皆得圆满。是故汝等应勤修学! 龙王! 譬如一切城邑、聚落,皆依大地而得安住;一切药草、卉木、丛林,亦皆依地而得生长。此十善道亦复如是,一切人、天依之而立,一切声闻、独觉菩提、诸菩萨行、一切佛法,咸共依此十善大地而得成就。"佛说此经已,娑竭罗龙王及诸大众,一切世间天、人、阿修罗等,皆大欢喜,信受奉行。

佛教的艺术:图像音乐文学

　　具有南亚和西域文化特色的佛教艺术和东亚汉字文化圈艺术相遇,水乳交融并形成了独具特色的"中国佛教之美"。本章从美术、音乐舞蹈和文学三个方面介绍中国佛教艺术,描述佛教在中国文化丰富厚重的土壤中开出的瑰丽的文学艺术之花。

佛教与美术及建筑

一、佛教绘画

《贤劫经》载："作佛形像坐莲华上，若摹画壁缯氎布上，使端正好，令众欢喜由得道福。"《法华经》："彩画作佛像，百福庄严相，自作若使人，皆已成佛道。乃至童子戏，若草木及笔，或以指爪甲，而画作佛像，如是诸人等，渐渐积功德，具足大悲心，皆已成佛道。"《地藏菩萨本愿经》则说："若有善男子、善女人，或彩画形像，或土石胶漆，金、银、铜、铁，作此菩萨，一瞻一礼者，是人百返生于三十三天，永不堕于恶道。"等等。很多影响巨大的经典提到作佛画像的种种功德，这极大鼓舞了信徒们画佛像的热情。《魏书·释老志》中谓"汉明帝令画工图佛像，至清凉台及显节陵上"，被认为是最早的中国画师作佛像的记载。据说东晋明帝曾经亲自画佛像,可见当时在信仰基础上的佛教绘画艺术的兴盛了。

根据记载,东晋画圣顾恺之画的佛像出神入化。《维摩诘经》中有维摩居士示现生病,文殊师利菩萨带众探问,两位大士以此为机缘向听众开示"不二法门"的故事。故事中,文殊在内的菩萨们纷纷言说什么是不二法门,而维摩居士则以沉默不语来诠释唯有超越言语分别,才能体会一真不二之法界的道理。顾恺之据此佛经典故,为瓦官寺作《维摩诘图》,居士"清羸示病之容,隐机忘言之状",传神无比,乃至壁画揭幕当天,竟然有人愿意出十万钱先睹为快,看过之后又向瓦官寺捐钱数百万。宗教和艺术在顾恺之的画作里完美结合,感染力令人惊叹。

到了唐代,佛教人物画更加繁荣,阎立本、吴道子等大画家参与佛画创作,促进了佛教美术和中国人物画的融合与共同发展。敦煌石窟之中,留下了大批佛教壁画,上面所绘宗教场景、神仙人物,栩栩如生,穿越千年,还能使我们感受到

维摩演教图局部(李公麟)

神奇的艺术魅力。

在显教中,流通佛像可以积累功德。在密教里,佛画像有着更重要的作用:帮助修行者观想。密教中有本尊修法,本尊是护持修行者的特定的佛、菩萨或护法神。修行者在冥想中,观想自己本尊的形象,并与之融为一体,获得有力的加持和护佑。生动又符合仪轨记载的本尊画像,对初期的修行者来说帮助很大,他们通过长时间地注视画像,加深印象,使自己能够更清晰、更容易地观想。这种修行方式,促进了密教中佛教人物画像的发展。密教重视颜色的哲学象征意义,所以观想仪轨往往要求修行者想象色彩斑斓的殊胜景象,故而这些佛像画往往色泽鲜艳明丽。加上华丽的细节装饰和佛菩萨们或优雅美妙或孔武有力的形象,让这一类画获得了别具一格的艺术感染力。流传至今的西藏的唐卡艺术就是最典型的代表。

在汉地,由于禅宗的兴盛,另一种绘画形式得以形成,被称为"禅意画"。这类绘画并不直接描绘宗教场景和人物,相反,往往是山水或田园小景。唐代的大诗人王维,是虔诚的禅宗信徒,深得禅宗美学精髓,他的山水画意境高远幽深,能与其诗相得益彰,为后世赞许,也开了文人画的先河。

北宋的僧人惠崇也以富有诗意的画作而闻名。他画的"小景"(与当时北方画派喜欢雄浑壮阔的山水全景图相较,小景往往局部取景,画面清新淡远),在当时极受欢迎,苏轼著名的绝句《惠崇春江晚景》颇能助人体味画境:

竹外桃花三两枝,春江水暖鸭先知。
蒌蒿遍地芦芽短,正是河豚欲上时。

王维或惠崇这些画作,虽然没有明显的佛教人物形象出现,但审美意趣则是充分受到佛教思想浸润后的产物,淡雅闲适,冥然清寂,悠远深邃,开创了中国艺术史上一条颇具特色的美学路径。

二、佛教与书法艺术

汉字书法艺术是中国独有的艺术门类,历经数千年而不断,在一代代艺术家的努力下,从理论到实践都日臻完善。书法与中国宗教的关系极为密切,迄今发现最早的中国文字——甲骨文是原始信仰占卜术的产物,最早的汉字系统可以说是在殷商王朝"尚鬼"的宗教文化氛围中发展完善的。而根据传说,汉字的起源更具传奇色彩,轩辕黄帝的大臣仓颉造字成功后,竟然"天雨粟,鬼夜哭"。无论从切实的考古资料上来看,还是从远古的神话传说角度考察,汉字的起源都有着神圣而神秘的色彩。

书法艺术的真正成熟,与中国本土的道教有着密不可分的关系,道教重视文字在人神沟通中的作用,美丽的书法可以使神欢悦,从而使神明更愿意帮助人们达成愿望。据学者考证,东晋的大书法家,如王羲之、王献之,其家族有着深厚的道教传统。正是在宗教信仰的背景下,他们才着力发展其书法艺术造诣的。

那么,佛教对中国书法艺术的影响又如何呢?主要表现在以下几个方面:

首先,佛经成为历代书法作品的重要书写题材。佛教尽管没有像道教那样,极其重视如符箓和青词这样的书写作品在宗教仪式中的作用,但抄写、雕刻和印刷佛经在佛教中却是重要的积累功德的方法。在雕版印刷普及之前,佛经的保存和传播主要靠手写,这就为佛经书法的形成提供了条件。因为不易保存,如今我们已经很少能见到唐以前的纸质抄经了，但岩石上的摩崖石刻却为我们保留了大量古代书法作品，成为珍贵的艺术遗产。南北朝时，北齐留下的佛教石刻最为丰富，其中最著名的属泰山经石峪《金刚经》摩崖石刻，其刻字风格在隶书与楷书之间，圆润的笔法不失飘逸之气，同时也有北方书法古朴雄劲的特色，独特的美学风格使它成为历代书法家临摹的对象，是石刻艺术的代表。

此外，很多和佛教内容有关的碑刻，也是我国书法艺术的瑰宝，如唐代欧阳询的《化度寺碑》（原碑被毁，有翻刻拓本传世）、颜真卿《多宝塔碑》（记述龙兴寺今楚禅师夜诵《法华经》感应到经中所述多宝塔显现，发心造塔之事，现藏西安碑林）、柳公权《金刚经碑》（原碑遗失，有拓本传世，现藏法国巴黎博物院）等，这些碑刻尽管风格各异，但都是我国书法艺术的珍品。

宋代以降，有众多的书法字帖传世，其中佛经和佛教内容占很大一部分，这些作品延续了传承千年的佛教书法传统。

第二，佛教僧人中，屡出书法大家，他们将修行和书法创作融合在一起，形成了独具魅力的艺术品格。其中最著名的，大概要数唐代的"书僧"怀素了，他不以禅法而以书法闻名，然而其草书不着痕迹，行云流水的风格与佛教所追求的了无挂碍的修行实践不能说毫无关系。

宋代临济宗宗师大慧宗杲，以开临济"话头禅"法之宗风而闻名，他的书法造诣也令人瞩目，现藏于东京国立博物馆中的大慧《与无相居士尺牍》，被认为是宋代最上乘的书法作品之一，笔意直率，挥洒自如，用笔明利流畅，充满禅机和理趣。除大慧外，元代的临济高僧中峰明本、明代四大高僧之一憨山德清等，有墨迹留存于世，也都是书法珍品。

第三，佛学思想，尤其是"禅"的实践，深刻影响了中国书法艺术理论的形成发展。中国书法理论肇兴于汉末至六朝时期,参与探讨的书法家如王羲之等人都与佛教有着密切关系。唐代,虞世南讨论书法的文章《笔髓论》中,我们已经可以看到较为明显的佛教尤其是《金刚经》哲学的影响了。唐末五代的僧人晋光则明确提出"书法犹释氏心印,法于心源,成于了悟,非口手所传"这样的理论。宋代黄庭坚同时是大诗人和书法家,对佛教尤其是禅宗也有着深刻的领悟,他在著名的文章《论书》中提出:"字中有笔,如禅句中有眼。"将书法与禅偈合论,明确地提出书、禅互参的思想。到了清末,康有为在其《广艺舟双楫》一书中说:"书法亦犹佛法,始于戒律,静于定慧,证于心源,妙于了悟,至其极也,亦非口手可传焉。"听起来,就像是晋光和黄庭坚思想的近代回音。

三、佛教建筑:伽蓝

佛教的传入,对我国的建筑艺术有很大影响。其中最主要的表现是佛教寺院建筑的产生发展。

在印度,僧侣聚集居住修行之地叫做"伽蓝"(梵文Saṃghārāma,或音译为僧伽蓝摩,意为众人之园,也就是僧团居住之地)。随着中国本土僧团的建立,其住地伽蓝也建立起来,称为寺院,见于记载的最早的汉地寺庙是洛阳白马寺,建于东汉永平十一年。自此以后,佛教寺庙逐渐成为我国传统建筑文化重要部分。寺院其实是一组佛教建筑群,其布局从汉末发展至今多有变化,下面就一般性结构略作介绍。

寺院一般以南北主轴排列主要建筑,东西两侧是附属设施。一个结构完整的寺院包括:

山门。一般为拥有三个门洞的殿堂式建筑,三个门象征佛教"空"、"无相"、"无作"三解脱门。在门殿中一般会立金刚力士像,一尊或两尊,作为护法。

天王殿。进入山门向北,第一重殿宇为天王殿,一般中供弥勒菩萨,面朝南,其身后则立有护法韦驮天尊,面向北,两位圣者隔一壁板背向相立。天王殿两侧则分别立有四大天王像。

过天王殿再向北则是正殿,也就是大雄宝殿。大雄(Māhavira)是对佛陀的称谓,因为佛能降服众恶,能力超群。大雄宝殿中所供之佛的数量和种类因寺庙不同而各异,有供一尊本师释迦牟尼佛的,如果是净土宗寺庙,也有供奉阿弥陀佛的。

还有寺庙供三尊佛,其中情况又有所区分:有的中间立"现在佛"释迦牟尼,左侧立"过去佛"燃灯古佛(Dipamkara),他曾经为释迦佛授记,预言他将在自己之后成为佛陀。右侧则供奉仍在兜率天内院讲法,等待降生人间成佛的"未来佛"弥勒(Meitreya)。此为供奉"三世佛"。也有的寺庙大殿立的是"三方佛",即中间为此处娑婆世界释迦牟尼佛,左为东方净琉璃世界药师佛,右为西方极乐世界阿弥陀佛。有的寺庙则供"三身佛",分别为中间的法身佛、两侧的报身佛和化身佛。还有寺庙大殿立华严三圣(毗卢遮那佛、文殊菩萨、普贤菩萨)或者西方三圣(阿弥陀佛、观音菩萨、大势至菩萨)或者娑婆三圣(释迦牟尼佛、观音菩萨、地藏菩萨)等等。

此外,有的寺庙正殿还供有五尊佛,这样的寺庙一般属密宗。这五尊佛分别是中央毗卢遮那佛、东方阿閦佛、南方宝生佛、西方阿弥陀佛、北方不空成就佛。这五位佛在密教系统中有重要地位,他们充满象征意味,往往与智慧以及福德相连,也具有极强的宗教仪式性。

正殿的东西两侧,则设有配殿,一般是伽蓝殿和祖师殿。伽蓝殿一般供奉波斯匿王、祇陀太子和给孤独长者,为的是纪念太子和长者共同为佛陀在波斯匿王的舍卫城建造伽蓝精舍——祇树给孤独园之事。而祖师殿则出现在禅宗寺院里,以纪念本宗的历代祖师:一般正中为禅宗东土初祖菩提达摩,左侧为六祖慧能禅师——南宗禅的创立者,右侧则为百丈怀海禅师,他是禅门著名的《百丈清规》的制定者。

以上是一般寺庙最基本的建筑。在一些禅寺中,不立佛堂而设禅堂,体现了禅宗以心传心、超佛越祖的宗风。而在各个教下的寺庙中则设有讲堂,为法师讲经说法之地。

佛教寺院布局和谐,建筑多用优雅的中国传统殿宇式,其中又有形态各异的雕像,富于宗教意味和艺术魅力,在我国传统建筑艺术中有着重要地位。

四、佛教建筑:佛塔与石窟

当佛陀八十岁那年在拘尸那婆罗双树下示寂之时,佛弟子对他的追思和怀念就开始了,在将佛陀的遗骨火化(毗荼,梵文 jiapeti)之后,信徒们决定建塔供养佛骨舍利(śarira,圣体火化后遗留下的结晶体)。所谓塔,梵文作 stūpa,旧译作窣堵波,或省略成塔婆,后来更加省略,便称为"塔"。关于塔的意义和来源,唐代高僧道宣在《关中创立戒坛图经》中有段著名的解释:

> 原夫塔字,此方字书乃是物声,本非西土之号。若依梵本,瘗佛骨所,名曰塔婆。此略下婆,单呼上塔,所以经中或名偷婆、窣堵波等。依如唐言"方坟",冢也。古者墓而不坟,坟谓加土于其上也。如律中"如来知地下有迦叶佛舍利,以土增之",斯即塔婆之相状矣。今戒坛安佛舍利,层基标别,四列神影,守护显号,固其然乎。前十二神常守护佛塔。

这段话将塔的来源、意义、形制等做了简明的解释,还说塔前常有神明守护。在印度和东南亚,佛陀"以土增之"的佛塔,根据图像和考古资料,恰如道宣所说,只是较低的坟茔,和我国的佛塔外观上还是有很大区别的。

佛塔传入中国,据说和阿育王有关。他热衷传教,派出很多传教人员,他们的事迹在东南亚各国都有明确记载,而这些孔雀王朝的使者们是否来到过中国,记录则晦暗不明,现在的学者多认为只是传说。记载中较为明确的中国式佛塔,是汉明帝在造洛阳白马寺浮屠时,将中国传统的阁楼式建筑与之结合,再将原来的"窣堵波"形建筑置于其顶,形成现在常见的塔的样式,被称为"刹"。在中国建筑师的想象力和创造力之下,佛塔建得越来越高大,也越来越精致。到了《洛阳伽蓝记》的北魏时代,都城洛阳的佛塔已经可称美轮美奂了:

> 凌阴里,即四朝时藏冰处也。中有九层浮图一所,架木为之,举高九十丈。有刹复高十丈,合去地一千尺,去京师百里已遥见之。……刹上有金宝瓶,容二十五石宝瓶。下有承露金盘三十重,周匝皆垂金铎,复有铁锁,四道引刹向浮图。四角锁上,亦有金铎,铎大小如一石瓮。子浮图有九级角,角皆悬金铎,合上下有一百二十铎。浮图有四面,面有三户六窗,户皆朱漆,扉上有五行金钉,合有五千四百枚。复有金环铺首布,殚土木之功,穷造形之巧,佛事精妙不可思议,绣柱金铺骇人心目。至于高风,永夜宝铎和鸣,铿锵之声闻及十余里。

印度的"塔"除了"stūpa"外,还有一种称为"支提"(caitya,意译的话是"四方"),是建在(或画在)僧人容身修行的禅窟中供礼拜的小塔,拥有"支提"的禅窟则称为"支提窟",这种建筑传入中国逐渐形成了独具特色的石窟艺术。

我国的石窟造像艺术,大致经历了一个由西北向东南的发展历程,现在遗留下来的重要石窟也多在北方。这种格局有着多方面的原因,其中最重要的原因大概是,南北朝时北方佛教重视禅定修行,而石窟则是禅修的场地。

在西北,甘肃的莫高窟是杰出的石窟艺术代表,各窟的壁画、雕塑造型精美,色彩艳丽,布局完整和谐,表现手法又极具西域特色。莫高窟在丝绸之路上位置关键,是中原文化和西域文化交汇之处,形成了独特的艺术风格,成为我国艺术殿堂中的一颗明珠,吸引了全世界各国艺术家和学者的关注,为大家所热爱。

在中原,石窟艺术以云冈石窟和龙门石窟为最主要代表。云冈石窟坐落于距离山西省大同市西 16 公里的武周山北崖,开凿于文成帝和平初年(460 年),工程延续至孝明帝正光五年(524 年)止,石窟依山开凿,东西向绵延 1 公里。现存的主要洞窟有 45 个,窟龛 252 个,石雕造像达 5.1 万余躯。佛像造型古朴雄浑,令人震撼不已,显示出北方人独有的性格特征和当时北魏王朝雄厚的国力。

与之相映成趣的是洛阳的龙门石窟。石窟开凿于北魏孝文帝太和年间,在王朝迁都洛阳(太和十八年,公元 494 年)后,开始更大规模地建造。孝文帝无疑是希望将新都建设成一座比旧都平城更辉煌壮丽的帝国中心,为王朝注入新的精神活力,让石窟成为国家繁荣的新文化的象征。在北魏之后,后世王朝依旧热衷于续凿龙门石窟,历经东魏、西魏、北齐、隋、唐、五代、宋数代,大规模营造达 400 余年之久,南北长达 1 公里,现存有窟龛 2 345 个,造像 10 万余尊,碑刻题记 2 800 余品。龙门石窟的造像风格随着时代的不同而富于变化。虽然同属北魏,但和鲜卑文化浓郁的云岗石窟时代造像相比,龙门石窟的佛像更加平和细腻,代表了拓跋氏汉化的努力。龙门石窟现存的唐代石窟更加引人注目,与北魏造像以清健为特色不同,唐代的造像更加浑圆,人物也雕刻得更加精致,是我国石窟造像的一个巅峰。

在西南地区四川广元皇泽寺、东南地区浙江杭州的灵隐寺飞来峰,也存在着具有较高艺术价值的造像,风格则属于南方石窟系统,一般形态较小,但精致优雅,尤其是飞来峰保存了很多元代的石窟造像,其中藏传佛教人物内容别具一格,是在元代特殊的历史环境下形成的。这些雕塑,在艺术史和文化史上都拥有自己的独特位置。

五、中华名刹举隅

少林寺

少林寺因为拳术而天下知名,有"天下功夫出少林"之誉。少林武术,本是调节坐禅时筋骨麻木以强身健体的舒展动作,是修行的辅助手段。后来逐渐形成体系,成为独具特色的武术流派。唐初,少林寺僧人因为辅佐太宗有功,被允许养僧兵五百人。以此为契机,寺院将兵马战术和刀剑棍棒等武器操练也引入他们的练功科目中,从此少林武僧天下闻名。

其实,即使不谈武术,少林寺也是中国颇具历史文化内涵的重要寺院。它位于河南省登封县城西北 13 公里少室山北麓遍野的丛林之中,因此得名"少林寺"。始建于北魏孝文帝太和十九年(495 年)。据传禅宗初祖菩提达摩曾在此修习壁观禅,因此少林寺被尊为禅宗祖庭。北周法难之时,寺院曾经被毁,北周静帝大象年间(579—580)重建,并被改名"陟

少林寺壁画:五百罗汉朝毗卢局部

岵寺"。隋文帝时恢复原名,唐太宗时又重建,后来屡经战火,现存的主体建筑为清雍正时所修。

寺中所藏文物众多,千佛殿内有明代壁画"五百罗汉朝毗卢",是面积达 300 多平方米的大型绘画,气势撼人。另外还有十三棍僧救唐王壁画,也是构图精巧、画工醇厚的艺术上品。大殿前方是达摩亭,又称立雪亭,是一坐殿式建筑,据说当年禅宗二祖慧可,为求禅法,在此地静候初祖菩提达摩,这时天降大雪,深至没膝,他都没有动摇心意,终于感动了达摩,将禅法传授给他。殿内神龛中供奉着明嘉靖十年(1531年)所铸造的达摩铜坐像,两侧则分别是二祖慧可、三祖僧璨、四祖道信、五祖弘忍像。龛上悬挂着乾隆御书"雪印心珠"四字匾额。此殿现为寺僧日常做佛事的场所。

寺内还值得一提的是方丈室,即寺中方丈起居与理事之地。清乾隆帝曾西渡洛水至少林寺,便将此方丈室当作行宫,并赋诗一首:"明日瞻中岳,今宵宿少林。心依六禅静,寺据万山深。树古风留籁,地灵夕作阴。应教半岩雨,发我夜窗吟。"因此这间方丈室又被称为"龙庭"。

少林寺中的碑刻也十分有名，苏轼、米芾、赵孟頫、董其昌等人都有真迹保存，是十分珍贵的艺术品。

玄中寺

玄中寺，被中日两国的净土宗信众奉为祖庭，在整个东亚文化史上颇为重要。寺院位于山西交城县城西北 10 公里处的石壁山中，在悬崖和翠柏环绕之中，是清幽宁静的修行之地。

寺内藏有唐穆宗长庆三年(832 年)所刻《特赐寺庄山林地土四至记》，其上记载："时大魏第六王孝文帝延兴二年(472 年)，石壁峪昙鸾祖师初建寺，至承明元年(476 年)寺方成就。"可知寺院由著名的昙鸾大师主持建于北魏延兴二年(472 年)，昙鸾(476—542)大师佛学精通四论(《中论》、《百论》、《十二门论》、《大智度论》)及佛性涅槃之说，早年希求仙道，渴望长生不老之术，后来在洛阳见到菩提流支，授以《观无量寿经》，从此归心净土，他将深奥的般若佛理，融入简易的净土念佛法门中，作《往生论注》等重要的净土学著作，晚年一直住在玄中寺中，宣扬净土。唐初，他的徒弟道绰主持玄中寺，大力弘扬净土法门，在玄中寺讲《观无量寿经》，据说在道绰的影响下，晋中一带，凡七岁以上男女都会念阿弥陀佛，当时的玄中寺已经是除长安诸寺之外的另一个佛教中心了。道绰之徒善导，继承了乃师乃祖的衣钵。他在玄中寺出家，随道绰修习净土法门，后来传法长安，此法门又经由日本遣唐使传往日本，现在，日本净土宗尊善导为其宗派的创始人。

宋金之际，玄中寺数度毁于战火，直到元太宗窝阔台在 1238 年赐玄中寺为"龙山护国永宁十方大玄中禅寺"，住持惠信重兴寺院，寺宇臻达巅峰，广有土地、山林；下院多达 40 余处,远及华北各省,玄中寺的声誉达到极盛。明清直至现代,寺院数度兴衰,寺院的主体建筑曾在同、光年间毁于大火,1955年这些建筑都经过重建,香火延续至今。

现在的玄中寺,占地面积6 000平方米,寺内现存最古建筑为明神宗万历三十三年(1605年)所建之天王殿。沿着该殿中轴,大雄宝殿、七佛殿、千佛阁依山就势,层层向上。此外钟鼓楼、南北塔院、祖师殿、鸠鸽殿、接引殿、准提殿及僧舍、禅院、客房、斋堂等建筑散布各处;宋代所建的八角白色秋容塔雄峙寺东山巅,是寺院的标志性建筑。寺内风景幽胜,花草繁茂,其中牡丹、风竹、花椒、枣树簇拥寺内,称为"玄中四绝"。此外寺内还藏有历代碑刻等极具文化价值的文物。

国清寺

国清寺位于浙江天台山,这座山为钟灵毓秀之地,自古就是仙人修道的名山,是道教的"福地"之一。

佛教传入后,天台山的仙风道骨、秀丽风景,也同样吸引了僧人们。据传早在三国吴赤乌年间(238—251)就有僧人在此山建寺修行,东晋时,名僧支道林也曾在此山结庐修习禅定。天台大师智𫖮,在南朝陈太建七年(575年)率弟子入山修行,讲经说法,并在这里初步完成了他佛教思想体系的构建。在天台山建立一个止观根本道场,一直是智𫖮的心愿,其晚年也一直在用心筹划此事。大师示寂后,他的菩萨戒弟子、当时的晋王杨广遵照智𫖮遗愿于开皇十八年(598年)在天台山麓建寺,命名为"国清寺"。从此后直至南宋,这里一直是天台宗的最根本道场,成为江南佛教的重镇。南宋时,国清寺改为禅院,成为当时"江南十刹"之一,在全国寺院系统中地位显著。

经过时代兴衰,寺院屡次重修,现在国清寺所存的主体建筑为清代雍正十二年（1734年）所建，又在1973年经过重修。国清寺拥有殿宇14座，房间600余间，是大型的寺院建筑群。寺院的主要建筑是大雄宝殿，殿中有明代青铜释迦牟尼像，高达6.8米。大雄宝殿东侧现存有古梅一株，据说是隋代建寺时所栽。寺内还有一座"雨花殿"，相传智顗的弟子天台五祖灌顶大师（一说是智者大师本人）曾在此处讲《法华经》，时天神感应，天花似雨般纷纷落下。尽管这个故事的真伪无从考证，但其优雅美丽的情节仍能引起后人的无限遐想。大雄宝殿一侧还有妙法堂，是天台宗大德讲经之地，藏有《大藏经》。妙法堂左近是罗汉堂，现为文物室。内中展出了天台宗历代祖师造影、天台宗主要经典著作，还有智者大师遗物、白玉卧佛、明万历铜镜，以及日本传教大师最澄入唐求法时的"度牒"等等珍贵文物。在寺前还留有唐代一行禅师的木塔，禅师是我国古代著名的天文学家，其所修的《大衍历》是在中古影响非常大的一部历法，传说他为修历法曾向国清寺僧请教算学问题。

　　天台山拥有庞大的佛教寺庙群，国清寺以外，著名的寺院还有高明寺，也是天台宗重要道场。智顗入灭的宝相寺、在华顶峰智顗降魔处所建的华顶寺、保存有智顗肉身宝塔的真觉寺都非常有名。

　　寒山寺

　　苏州寒山寺，因为张继的《枫桥夜泊》而在文学史上大放光彩：

　　　　月落乌啼霜满天，江枫渔火对愁眠。
　　　　姑苏城外寒山寺，夜半钟声到客船。

罗聘：寒山拾得图

四句诗写尽了落榜士子的寞落心境,但悠远辽阔的寺钟声响起,将俗世的忧愁带往了空灵的境界。在钟声中,苏州城上湛蓝深邃的天空,空旷而宁静,愁心似乎有了一个寄托安歇之处。客船到岸,路途可以暂时安顿,就在这深沉的静谧中,放下心事,安然入眠。寒山寺的诗意,是道不尽、说不完的,这座江南名刹的优雅魅力,也必将一直流传下去。

寒山寺位于苏州城西古运河畔的枫桥古镇,始建于萧梁天监年间(502—519),初名"妙利普明塔院"。禅宗大师石头希迁(700—790)曾在此地修行,修建伽蓝,根据寒山、拾得曾在此处停留的传说,题该寺名为"寒山寺"。苏州自古是人文荟萃之地,寒山寺因此与别的名刹相比多了几分文雅之气。

寺内古迹众多。藏经楼屋顶有《西游记》中孙悟空、唐僧、猪八戒、沙悟净的雕塑像,颇具特色,一楼内墙壁上嵌有《金刚般若波罗蜜经》和董其昌的书法碑刻。在藏经楼南侧,是一个二层八角钟楼,悬挂着著名的寒山寺钟。尽管这口钟早已不是唐代之物,而是重铸于清代光绪三十二年(1906年),但每当钟声远漾,还是能引起人的千古幽思。

寒山寺正殿佛像背后,有扬州八怪之一罗聘所画的寒山拾得图。这是中国绘画史上的名画,线条流畅,寒山拾得面带微笑,悠闲自在。罗聘以画《鬼趣图》而名声大噪,但此处所画的寒山、拾得却充满仙气。寒山寺所藏的石碑也非常有名,其中最为引人注目的要数清代大学者俞樾所书写的《枫桥夜泊》诗碑,笔力遒劲,字体饱满浑圆,气韵流转。令人遗憾的是,在写就该碑文数十天之后,一代朴学大师就与世长辞了。现在这块碑已经成为寒山寺的一绝。

寒山寺在文化史上的地位不言而喻。自张继以后,历代文人以之入诗者甚多,逐渐形成独特的文化景观。在某种程度上,寒山寺已经成为佛教与中国传统文化水乳交融的一个象征。

布达拉宫

布达拉宫位于西藏市西北的玛布日山上。"布达拉"是藏文 po-ta-la 的音译,而这个梵文词在汉语中被音译为"普陀洛迦"或省略作"普陀"。普陀是佛经中记载的观音菩萨的圣地。在很多藏文典籍中,西藏被认为是观音菩萨的"教化区域";与此相对,汉地是文殊菩萨的"教化区域"。我们从布达拉宫的名字,就可以看出藏族浓厚的观音信仰。据《新唐书》记载,藏王松赞干布为了迎娶文成公主,在红山上建了一座宏伟的宫殿,又根据松赞干布自己的记述,此宫殿有三道宫墙、九层宫室、九百九十九间房屋。这应该就是布达拉宫最早的规模了。公元 9 世纪朗达玛灭佛,然后藏地发生了内战,在这个动乱时期,布达拉宫曾遭一定程度的毁坏,后来藏地地方政权屡有变动,布达拉宫也随着历史的命运沉浮。17世纪,格鲁派联合青海蒙古族势力推翻了后藏地区的藏巴汗

布达拉宫

政权，确立了政教合一的新的政治秩序，五世达赖开始治理西藏，并在布达拉宫的旧址上新建宫殿，作为藏地地方政权的行政中心。至此，布达拉宫逐渐走到了西藏政治史和宗教史舞台的中央，地位日益重要。

现在的布达拉宫，分为白宫和红宫。白宫是达赖喇嘛的冬宫，也是西藏地方政府原办事机构。与白宫相连的是红宫，位于布达拉宫的中央位置，墙体红色。宫殿宛如一个大的坛城，有历代达赖的灵塔殿，以及围绕着它们的许多经堂、佛殿。布达拉宫的外观殿 13 层，高 117 米，东西长 360 米，南北宽 500 余米，全部为石木结构建筑，房屋近万间，可容纳僧众两万余人。宫殿、礼佛堂、僧人学习经典的教室、僧人寝室、庭院等一应俱全，是综合性的佛教建筑群。宫殿的墙上绘有壁画，这些壁画不仅具有很高的艺术价值，而且通过图像生动地记录了整个西藏的历史，弥足珍贵。从建筑艺术角度看，宫殿外观和内部装饰都美轮美奂，是我国藏式建筑艺术风格的杰出代表。另外，宫内还藏有各类文献典籍、佛像、唐卡、精美的法器等价值难以估算的文物和精美绝伦的艺术珍品。布达拉宫是我国重要的历史和文化遗产。

佛教的音乐和舞蹈

一、佛教音乐

梵呗(pathaka),也音译为"呗匿"、"婆陟"等,是佛教徒对佛菩萨所唱的颂歌。梵呗对佛教的意义,可以由《太子瑞应本起经》中的故事来说明:佛陀在菩提树下觉悟成道,沉浸在无上的涅槃大乐中,不愿从定中出来为众生说法,因为佛陀领悟之法过于高深,并不是世间耽于声色的众生能够听懂的。此时帝释天便派遣他的乐师来到佛的身边,弹唱起被称为"般遮瑞响"(pañchamah)的颂歌,赞扬佛陀的智慧和慈悲,以及诸佛不舍众生的大愿。"般遮"是帝释天乐师的名称,但从梵文字根上看,这个词和"五"相关,因此也可以推断这种音乐是由五音构成,与中国古代的音乐有相契合之处。当释迦牟尼佛听过这唱颂,回忆起了自己无数世所发的普度众生的大愿,于是从"定境"中起身,开始他的游化生涯。根据这部经典,正是悠扬的赞歌,促使佛陀入世弘法,从此才有了"佛教",可见音乐对佛教的重大意义了。

梁代慧皎在《高僧传》中说道:"天竺国俗甚重文制,其宫商体韵以入弦为善。凡觐国王必有赞德,见佛之仪,以歌叹为贵,经中偈颂皆其式也。"可见在印度文化中的佛教也是极其重视音乐在仪式中作用的。

佛教传入,西域是重要的路径之一,而西域各国都能歌善舞,带有佛教色彩的"梵乐"、"胡乐",一传入就深受中国人喜爱,成为我国固有的"礼乐"系统之外的又一大传统。中国的文人也慢慢开始创作佛教风格的乐曲了,其中最著名的大概要数曹植,他游览鱼山时听到天乐,因而创作了《鱼山梵呗》,深远地影响了中国佛教,如今和尚们诵经的梵唱,就以其为源头。而《鱼山梵呗》也在 2008 年被列为国家级非物质文化遗产。

另一个著名的佛教音乐家是梁武帝萧衍。《隋书·音乐志》记载,这位笃信佛教的帝王,第一次正式将佛教乐曲引入宫廷,并亲自创作了《善哉》、《大乐》、《大欢》、《天道》、《仙道》、《神王》、《龙王》、《灭过恶》、《除爱水》、《断轮苦》十首佛乐。

隋唐是我国佛教乐曲发展的一个高峰。两朝宫廷都设有乐部,隋文帝时继承北周和北齐的乐官传统设有国技、清商、高丽、天竺、安国、龟兹、文康七部乐,炀帝时又增康国、疏勒两部成为九部乐。到了唐代,又加上高车乐成为"十部乐",构成了完整的"帝国音乐体系"。其中天竺乐部中有舞曲《天曲》,据考证便是佛教乐曲。另外在隋唐时代专门为各种佛教仪式演奏的"法乐"也得以形成,这种音乐以梁武帝时代宫廷重视水陆道场仪式为契机,得到发展,成熟于隋代的宫廷,曲调以清商乐为主,带有南方的音乐风格。

隋唐西域佛乐被大量引进并广受欢迎的同时,唐人自己也创作了相当多的此类风格音乐,见于记载而较著名的有《普光佛曲》、《弥勒佛曲》、《日光明佛曲》、《龟兹佛曲》、《释迦牟尼佛曲》、《宝花步佛曲》等。佛教音乐和佛教音乐创作都在此时盛极一时。

宋元明时期是我国民间曲艺发展的重要时期,各种反应市民生活的说唱和表演艺术出现并流行起来,佛教尤其是轮回报应思想成为民间信仰生活的重要内容,法师的梵呗也走向民间,其曲调和吟诵方式影响了在大众中流行的通俗说唱

艺术。明成祖朱棣曾颁布《普佛世尊菩萨名称歌曲》,收录 4
500 余首佛乐,该书在我国佛教音乐史上有着重要地位,是我
国古代佛乐集成性的著作。

到了清代,政府在佛教政策上汉藏并重,甚至有意用格
鲁派(黄教)绥柔蒙藏。五台山因为同时是汉传、藏传两支佛
教传统的圣地,所以受到朝廷高度重视,经常举行重要法会,
在这样的情况下,形成别具特色的"五台山佛教音乐",分为
青庙乐风(汉地风格)和黄庙乐风(藏地风格)两个系统,代表
了当时我国北方佛教音乐的发展水平。

进入民国,受到西洋音乐的影响,我国的佛教音乐又有
所发展,最重要的代表人物是弘一大师(1880—1942)。弘一
大师俗名李叔同,出生在天津,早年留学日本专攻美术,又擅
长音乐,作过很多著名的乐曲。大师出家后弘扬律宗,同时
对佛教艺术的发展也贡献颇多,他谱写的佛教歌曲,融合西
洋音乐和传统音乐风格,沉郁婉转,曲调悠扬,非常具有感召
力。由其作曲、太虚大师填词的《三宝歌》,饱含深情同时悦
耳动听,至今犹为广大的佛教信众所传唱,甚至被称为佛教
的"教歌"。弘一大师开创了全新的佛教音乐风格,在中国音
乐史上可称作里程碑式的人物。

二、佛教舞蹈

在印度神话中,世界是梵天踏着舞步创造的,又是湿婆
踏着舞步毁灭的,可知在这种文化中舞蹈的重要性:舞蹈是
律动和活力的象征,也是死亡和沉寂的预言,是宇宙大神的
仪式和娱乐,因此也是世界的本质。在印度文化中孕育而生
的佛教,自然也与舞蹈有着不解之缘。

佛经中随处可见诸天神以伎乐舞蹈的形式供养佛陀。
在敦煌壁画里,我们形象地看到了这一场景,其中画于莫高

窟第 209 窟初唐壁画中的双飞天形象、画于 39 窟盛唐时期俯冲而舞的飞天形象以及 158 窟流云五身飞天形象等常常为人所赞叹,女神曼妙的舞姿、婀娜的身段、优雅的服饰,无一不是舞蹈艺术美的象征。除了飞天,敦煌壁画里还有翩翩起舞的伎乐菩萨,他们或轻歌曼舞,载言载笑,或手持乐器,边弹边跳,姿态优美流畅,富于律动。如第 156 窟壁画所画的反弹琵琶的舞者菩萨,在琵琶富有节奏感的乐声中,舞者旋转身体,反抱琵琶,右脚却放置在左膝处,展现优雅的曲线之余,也体现出保持身体平衡时所需要的力度。这种充满张力的画面,使我们很容易想象这种舞蹈表演动人心魄的魅力。

敦煌壁画:反弹琵琶

佛教宫廷舞蹈在元代极其发达,入主中原的草原民族帝王,一方面笃信藏传佛教,另一方面带着游牧民对舞蹈与生俱来的热情。再加上元皇族统治着从中亚到东亚广袤的领土,宫廷舞师们有条件吸收融合各地的舞蹈资源,以佛教为背景创作美轮美奂的大型群舞。这些舞蹈既是优美的艺术作品，又是神秘的宗教仪轨，具有独特的美学风格。在这些群舞中，较为著名的是编创于元顺帝至正十四年（1354 年）的《十六天魔舞》，舞中 16 位宫廷舞伎装束成头戴佛冠、身着璎珞的菩萨，手中各持法器踏着曲子舞动，优美中透露魅惑，又不乏神秘的宗教仪式感。据说许多这样的舞蹈经常在宫中演出，只有受过秘密戒的人才能观看。元代人张昱曾作一曲《辇下曲》描写元宫的天魔舞：

> 西方法曲曼声长，璎珞垂衣称艳妆。
>
> 大宴殿中歌舞上，华严海会庆君王。
>
> 西方舞女即天人，玉手昙花满把青。
>
> 舞唱天魔供奉曲，君王常在月宫听。

写出了宫廷舞蹈的华美场景。

元代以后，舞蹈作为独立的艺术项目，逐渐衰落，融合进戏剧这样更具综合性的艺术门类中去了。但是在我国的少数民族中，还能看到很多充满佛教色彩的舞蹈。

藏传佛教传统中，有在寺院表演的大型宗教组舞"羌姆"（藏文"舞蹈"的音译）。格鲁派寺院的"羌姆"，一般先由舞众扮众神持法器表演驱魔以洁净场地，然后依次上演 2 人扮演阎罗王和王后的双人舞——阎王舞、13 人表演的"四季舞"、4 人表演的骷髅舞、16 人表演的神童舞等等，都以扮神和驱魔为主题，宗教色彩鲜明。与之相对应，蒙古的喇嘛寺庙也在上演称为"查玛"的舞蹈，查玛其实就是"羌姆"的蒙语翻译。在羌姆和查玛中，还有很多情节相对独立的舞段，表现佛经和藏族高僧的故事，已经有点像宗教戏剧了。

在南传佛教流传的傣族地区，还有一种深受当地民众喜爱的"孔雀舞",表现佛经中孔雀明王的故事。舞者模仿孔雀,表演曼妙的舞姿,在宗教色彩中包含着唯美的艺术气质。孔雀舞现在被著名的舞蹈家毛相、刀美兰、杨丽萍发展成为独具特色的现代舞,高贵优雅的舞姿之美征服了无数的观众,但我们也不应该忘记它蕴含着的深沉的宗教意蕴。

中国文学佛教踪迹

一、佛经文学

佛教的产生地古代印度,同中国一样有着源远流长的文学传统,但两者风格却截然不同。南亚次大陆南方近海,植被丰富,充满热带风情,向北则地势陡升为高耸的雪山绵延之地,这样的地理环境很有助于想象力的培养,于是奇幻文学传统在恒河流域成长并发展。抛开形而上学的争论,从文学的角度看,佛经尤其是用梵文写成的大乘经典,本身就是优雅而富有魅力的文学作品。梵文抑扬顿挫,音节丰富而富于变化,是一种很适合讲述引人入胜故事的语言,再加上佛教恢弘的世界观和深邃的哲思,使得很多佛经简直可以被看成一部美妙的宗教诗剧。

佛经传入中国,梵语转换成汉语,其绵密而枝蔓丛生的热带语言风格在很大程度上减弱了,表达方式多少受到汉语凝练精简之美的影响,但宗教史诗般恢弘的气度和奇谲的想象则被保留下来,进入中国文化传统之中。姚秦鸠摩罗什法师和其中国助手们所译出的佛经语言尤其优美,自然流畅而不失庄严神圣,形成了不同于中国固有文言传统的另一种语言风格,他们的译著可算是成功的"翻译文学",千百年来深受欢迎。

罗什所译的《维摩诘所说经》是佛经文学中一流的作品,无论从叙事结构还是语言表达角度看,都堪称杰作,加上深刻的思想内涵,使得它在上千年的流传过程中,逐渐成为整个东亚文化中的经典。

抛开信仰不谈,这部经中的维摩诘居士也是一个非常成功的文学形象。他智慧、优雅、富有,同时对世间众生充满同情,运用自己的机智和辩才让处在迷惑中的众生领悟佛法。他要么发表长篇的演说,要么沉默不语,要么示现疾病,要么展现自己的无边法力。然而语默动静无非在鲜明地表达着自己的立场。经中尤其着力描写对话,和他在语言上交锋的有佛陀坐下的大阿罗汉们,有代表智慧的文殊菩萨,还有一心捣鬼、让人联想到歌德笔下梅菲斯特的魔鬼等等。在这些富有戏剧性的场景中,大乘佛教的精微妙论,被形象而生动地表达出来。

另外一部堪与此经媲美的大乘佛经,是罗什所译的另一部经《大乘妙法莲花经》。这部经因为其中有许多精彩而富有深意的故事而深受大家喜爱,如著名的"法华七喻"。《法华经》没有单纯进行说教,而是试图用比喻来说明佛理。"七喻"中的"火宅喻"讲到:一位极其富有的长者,见自己的孩子在一座破败且充满危险的旧宅子里玩闹嬉戏,即使已经发生大火,依旧不知危险即将到来。长者十分担心,但孩子们对他的警告置若罔闻。他此时便略施手段对孩子们说:"我为你们准备了更好的玩具,分别是由羊、鹿和牛驾驶的车骑,现在就停在这宅子的外面,还不赶快去试试?"孩子们听到之后十分兴奋,纷纷跑出着火的凶宅,寻找他们的车。看到孩子远离危险,长者十分开心,便决定用更好的东西——华丽无比、又稳又快的大白牛所拉的车子,而不是之前许诺的劣一等车,奖励孩子们。在这个故事中,长者比喻佛陀,孩子比喻不知自己正在轮回的危险境地中的众生,着火的老宅比喻充满痛苦的"三界",而各种车则代表佛教不同的法门。这个故事告诉我们,佛陀最终给众生的礼物是像大白牛车一样美好无比的"法华一乘教法",而不是之前的较次一等的羊、鹿、牛"三乘教义"。

另外一些佛经如《阿弥陀经》等净土类经典,则以细致刻画西方净土的华美祥和著称,成为我国文学描写"仙境佛国"的重要资源。还有一些佛经则是优美的传记文学,描写佛陀伟大的一生,令人读后为之感动鼓舞。尽管这些佛经要么以宣扬佛理,要么以劝人修行为目的,但在客观上,无疑丰富了中文的表达力,在汉语文学史上占有举足轻重的地位。

二、佛教与诗

关于佛教影响中国诗歌这件事,最引人入胜的话题大概要数佛经梵文和中国律诗起源的关系了。汉字,并不是一种能在语音学上给其使用者以直接启发的语言记录方式,作为更重视视觉形式而非声音效果的文字,汉语发音规则几乎不可能被完整地记录下来。梵语则正相反,在其文字系统中,借助子音和母音以及一整套复杂的变音规则,语音在书写中被详细地复制了。

印度文化自古就有重视声音的传统。在古印度教中,声音被当作人和神灵交流的重要工具,宗教祭司们举行仪式,必须有准确无误的发音,其祈祷才能上达天听。长久以来印度人发展出一套悠扬婉转、动人心魄的诵经艺术。

佛教戒律文本《十诵律》中记载了一个有趣的故事:有两个特别擅长吟诵印度教经典的婆罗门皈依佛陀,便用他们的方法诵读佛经,但有一天其中一位婆罗门去世了,另一位活着的每每诵读佛经,就想念其昔日的同伴,愁眉不展,此事为佛所知,他便定戒说,以后不应以婆罗门法诵经。可见印度诵经方法也曾为佛弟子所用。其实,佛教自身也有着自己的诵经方式。

在《高僧传》中就有关于"唱导"和"诵经"的部分,记载因读诵闻名之僧人,其念诵经典或在高僧讲经前唱佛经名,往往抑扬顿挫,深具感染力,自有一套方法。几乎与此同时,沈约等一批熟悉佛教的文人们大谈诗律,以梵文中的"轻"、"重"音等概念分析中文诗歌的音节交错变化等问题。这些都不得不使我们相信中国人自觉的"律诗"意识,与承载佛教的梵语之间有着密切联系。

佛教对中国诗歌深远巨大的影响同时表现在它拓展了中国诗歌的主题,为诗歌的美学世界带来了新的意象。东晋大诗人谢灵运以玄学为家学,但游心释教,往往以佛理入诗,造就清幽玄远的独特意境。如其《石壁立招提精舍诗》:

> 四城有顿踬,三世无极已。浮欢昧眼前,沉照贯始终。
>
> 壮龄缓前期,颓年迫暮齿。挥霍梦幻顷,飘忽风电起。
>
> 良缘迨未谢,时逝不可俟。敬拟灵鹫山,尚想祇园轨,
>
> 绝溜飞庭前,高林映窗里。禅室栖观空,讲宇析妙理。

诗的开头就用王子在四座城门分别遇到老人、病人、死者和沙门,从而厌离世间、欣慕求道的典故(见本书第一章)。然后感叹世事如梦幻电光,无常迅速,这一方面自然具足玄学家的派头,但其受到在南北朝盛行一时的佛教般若学的影响也是显而易见的。在诗歌的最后,他归心佛理,在禅定和对智慧的追求中,心与幽深的山色融为一体。

如果在谢灵运那里,诗还是佛道并崇的,那么到了盛唐

的王维诗中,佛教的影响变得更深入,具有决定性,在技巧上,佛理与诗境的融合也更为质朴自然:了无痕迹但又无处不在。且看《过香积寺》:

> 不知香积寺,数里如云峰。古木无人径,深山何处钟。
>
> 泉声咽危石,日色冷青松。薄暮空潭曲,安禅制毒龙。

与谢灵运受般若学和当时盛行的佛教解经义学影响不同,王维更倾心于不立文字、以心传心的"曹溪"禅法。在山色幽谷中领悟禅意,"羚羊挂角,无迹可求",有着独特的美学意味。唯有在最后一句,点明自己已经深入禅境,是以一颗安然却又明察之心体认前景的。

王维之后的中唐,佛教对诗歌的影响力有增无减,甚至出现了以写诗为务的僧人。从此诗僧和其所作的僧诗成为我国文学史上一道独特的风景。其中值得特别一提的是唐代的诗僧皎然。他是谢灵运的十世孙,以诗文称,与颜真卿、

惠崇:寒鸦图

韦应物等当时名士交游,并写有《诗式》这部古代诗歌评论的经典之作。他和茶圣陆羽是好友,也精通茶道,颇为风雅博学。

除了文人气十足的诗僧以外,佛教还影响到另一种风格的诗歌,是为通俗性的化俗诗。代表诗人是王梵志和寒山。他们的诗语言浅近,看似俚俗,但往往寓意深刻,有以劝善为目的,也有宣传佛理的,在风格上,因为更接近口语,往往有清新可爱之处,让人感到亲切,而且不乏幽默感。这类诗受到了佛经中偈颂的影响,同时也和禅宗颇为契合,很多可以当作禅偈来读。比如寒山有一首《东家一老婆》诗,就颇具特色:

> 东家一老婆,富来三五年。昔日贫于我,今笑我无钱。
>
> 渠笑我在后,我笑渠在前。相笑倘不止,东边复西边。

这诗看似颇为浅显,但又隐含深意。我们或者可以从中领会人生境遇无常变化之迅速,或者更深一层,读出作者对世人执着心的嘲笑。用法眼观之,一切都是空性,费力嫌贫逐富本身就是一件可笑的事。

三、佛教与古典小说、戏剧

六朝时期,出现了很多被鲁迅称为"释氏辅教之书"的故事集,其中著名的包括刘宋时期刘义庆的《宣验记》、萧齐王琰的《冥祥记》等。这些书中记载的故事大多涉及因果报应、六道轮回,是佛教世界观和民间传说相结合的产物。这些故事的作者或辑录者,大多是佛教徒,真诚地相信这些故事的真实性,并希望能以此来导人向善。若从文学史的角度看,这些故事也可以当作精彩的小说来阅读。

佛教对中国小说发展的影响,鲁迅有一段经典的表述:

> 还有一种助六朝人志怪思想发达的,便是印度思想的输入。因为晋、宋、齐、梁四朝,佛教大行,当时所译的佛经很多,而同时鬼神奇异之谈也杂出,所以当时合中印两国底鬼怪到小说里,使他更加发达起来。

唐代传奇被认为是我国文言小说的成熟期,其中很多故事的世界观背景依旧是佛教的,可以明显地看出它们与佛教以及六朝志怪小说间千丝万缕的联系。有些故事甚至直接脱胎于佛经记载或者如玄奘的《大唐西域记》之类的佛教文献。

佛经中的神怪故事、西行僧人听到的印度传说与中国民间固有的鬼怪传说相融合,构成了我国中古时代奇幻诡谲又魅力无穷的幽冥世界,小说家们更是借助这样的平台,充分发挥想象力,为我们创造了梦幻般的艺术世界。

除了传奇,佛教对中国说唱艺术的发展也影响巨大。在唐代,一种被称为变文的文本广为流传。所谓"变文",是说唱佛教故事的艺术表演所用的"讲唱词",往往由佛经演变而来。因为所表现的佛经故事生动有趣又有劝善意义,其在民间大受欢迎。这种表演形式是寺院讲经的民间化和大众化,构成我国曲艺发展的重要一环。到了宋代,由变文转变而来的宝卷流行,同时明清章回小说从形式上诗文结合的痕迹来看,也与通俗佛教讲唱文学有着一定的关联。到了明代,与佛教关系密切的中国古代最伟大的一部神魔小说《西游记》问世,它被林语堂称为中国最早的一部"史诗"。它脱胎于唐玄奘西行求法之事，情节曲折离奇，同时有着佛、道二教恢弘的世界观和深广的思想背景，成为经典。

除了上述的小说演进，变文演唱的形式还发展出诸宫调、弹词，又形成表演形式多样的"杂剧"。宋代孟元老所著的《东京梦华录》中就记载有汴梁中元节上演《目连戏》杂剧，可见较早的戏剧表演就与佛教关系密切。后来，目连救母的故事被一再重新创作，到了明代万历年间，郑之珍编《新编目连救母劝善戏文》时，已经有剧目一百多出了。另外，观音慈悲救人、弥勒化身凡人显现法力等题材也深受喜爱，被不断改编上演。

还有一些杂剧故事，虽然没有直接描写佛教主题，却拥有诸多佛教要素。其中，因果轮回报应、世事无常、菩萨慈悲救人成为最常见的三个主题。这三个主题都与老百姓的生活密切相关，要么表达他们对社会不公的抗议，从而寄托对公正的渴望；要么表现他们善良的意愿和对亲人朋友的脉脉温情；要么体现出他们对生活最本真的渴望；要么反映他们对人生朴质的思考。总之，这些杂剧中的佛教元素和百姓自己的喜怒哀乐最深切地联系在一起。深受大众欢迎的戏曲作家们，从佛教文化中吸取营养，选择他们感兴趣的材料，进行艺术加工，将一幕幕动人的故事搬上舞台，成为台下观众情感最好的代言人，同时也将善恶是非等道德伦理观念深植人们内心。佛教，也就借着这些能让人或喜或悲的精彩情节沉淀到了民族文化的最深层。

原典选读

诗　选

皎然：秋晚宿破山寺

秋风落叶满空山，古寺残灯石壁间。

昔日经行①人去尽，寒云夜夜自飞还。

皎然：答俞校书冬夜

夜闲禅用精，空界亦清迥。子真②仙曹吏，好我如宗炳③。

一宿觊④幽胜，形清烦虑屏。新声殊激楚，丽句同歌郢。

遗此感予怀，沈吟忘夕永。月彩散瑶碧，示君禅中境。

真思在杳冥，浮念寄形影。遥得四明心，何须蹈岑岭。

诗情聊作用，空性惟寂静。若许林下期，看君辞簿领。

贯休：行路难

君不见，

道傍废井生枯木，本是骄奢贵人屋。

几度美人照影来，素绠⑤银瓶濯纤玉。

---

①　经行：围绕一地不断走动的禅修方式，和坐禅相配合，防止坐禅中的困倦，也可保持身体健康，属于四念处的身念处。

②　子真：指郑朴，字子真。汉褒中人，居谷口，世号谷口子真。修道守默，汉成帝时大将军王凤礼聘之，不应召，于是名动京师。

③　宗炳(375—443)，字少文，南朝宋画家，南阳涅阳(今河南镇平)人。家居湖北江陵，士族，宋文帝刘义隆屡次征召作官，俱不就。

④　觊：见到，看到。

⑤　素绠：白色的井绳。

云飞雨散今如此,秀闼①雕甍②作荒谷。
沸渭笙歌君莫夸,不应常是西家哭。
休书遗编③行者几,至竟终需合天理。
败他成此亦何功,苏张④终作多言鬼。
行路难,路难不在羊肠⑤里。

贯休:天台老僧

独往无人处,松龛岳雪侵。
僧中九十腊⑥,云外一生心。
白发垂不剃,青眸笑转深。
犹能指孤月,为我暂开襟。

齐己:耕叟

春风吹蓑衣,暮雨滴箬笠。
夫妇耕共劳,儿孙饥对泣。
田园高且瘦,赋税重复急。
官仓鼠雀群,共待新租入。

明本:山中访隐者

半生心事寄烟霞,策仗闲过隐者家。
啄木鸟啼山远近,采樵人语路横斜。
乱风吹落青松子,细雨蒸开白豆花。

---

① 闼:小门。
② 甍:屋脊。王勃《滕王阁序》:"披绣闼,俯雕甍。"
③ 遗编:留下来的文字记载。
④ 苏张:指苏秦、张仪,战国时纵横家的代表,游说各国,宣扬自己的"外交策略"并从中获利。
⑤ 羊肠:羊肠般细小难行的道路。
⑥ 腊:即僧腊,僧人受戒的年岁。

不是少林①门下客,如何消得此生涯。

苍雪:葑门化城庵留别社中诸友

相送了无意,临歧②忽黯然。
回看吴苑村,独上秣陵③船。
春老还山路,江昏欲暮天。
白鸥应怪我,聚散碧波间。

苏曼殊:住西湖白云禅院

白云深处拥雷峰,几树寒梅带雪红。
斋罢垂垂浑入定,庵前潭影落疏钟。

寒山:吾心似秋月

吾心似秋月,碧潭清皎洁。
无物堪比伦,教我如何说。

寒山:我见利智人

我见利智人,观者便知意。
不假寻文字,直入如来地。
心不逐诸缘,意根不妄起。
心意不生时,内外无余事。

王梵志:城外土馒头

城外土馒头④,馅草在城里。

---

① 少林:指河南嵩山少林寺,禅宗祖庭。少林门下客即禅宗弟子。
② 歧:岔路,将要分别之地。
③ 秣陵:南京古称。
④ 土馒头:指坟冢。

一人吃一个，莫嫌没滋味。

王梵志：出家多种果

出家多种果，花蕊竞来新。

庵罗①能逸熟②，获得未来因。

后园多桃李，花盛乱逢春。

花繁条结实，何愁子不真。

努力耕心重，多留与后人。

新人食甘果，惭荷种花人。

悉达③追远福，学道莫辞贫。

但能求生路，同证四果④身。

---

① 庵罗：梵文 āmra，或音译作"庵摩罗果"，即芒果。

② 逸熟：疑当作"异熟"，即"异熟果"，vipaka-phala，意思是异时、异地以另外一种状态显现的果报。

③ 悉达：Siddha，成就。或指释迦牟尼佛出家前为太子时的名字为乔达摩·悉达多。

④ 四果：即小乘四果：陀洹果、斯陀含、阿那含、阿罗汉。